UMBANDA
UMA RELIGIÃO SEM FRONTEIRAS

GUIA PARA PRATICANTES E CURIOSOS

FLÁVIO PENTEADO

UMBANDA
UMA RELIGIÃO SEM FRONTEIRAS

GUIA PARA PRATICANTES E CURIOSOS

UMBANDA - UMA RELIGIÃO SEM PFRONTEIRAS
Copyright© Editora Nova Senda

Revisão: *Rosemarie Giudilli*
Ilustração da capa: *Dreamstime.com*
Capa e diagramação: *Décio Lopes*

DADOS INTERNACIONAIS DE CATALOGAÇÃO DA PUBLICAÇÃO

Penteado, Flávio

Umbanda - uma religião sem fronteiras/Flávio Penteado – 1ª edição – São Paulo – Editora Nova Senda – Verão de 2015.

Bibliografia.
ISBN 978-85-66819-07-6

1. Religião 2. Umbanda I. Título.

Proibida a reprodução total ou parcial desta obra, de qualquer forma ou por qualquer meio, seja eletrônico ou mecânico, inclusive por meio de processos xerográficos, incluindo ainda o uso da internet sem a permissão expressa da Editora Nova Senda, na pessoa de seu editor (Lei nº 9.610, de 19.02.1998).

Direitos exclusivos reservados para Editora Nova Senda.

EDITORA NOVA SENDA
Rua Jaboticabal, 698 – Vila Bertioga – São Paulo/SP
CEP 03188-001 | Tel. 11 2609-5787
contato@novasenda.com.br | www.novasenda.com.br

Agradecimento

QUERIA AGRADECER ao meu Mentor Espiritual e a todos os Guias Espirituais que me intuíram a escrever este livro, e espero humildemente ter alcançado os objetivos que tracei com a criação deste. Tive grande influência do mundo espiritual e agradeço mais uma vez por ter o privilégio de contar com essa ajuda tão maravilhosa. Assim também toda a proteção para que concluísse este livro.

Agradeço também a colaboração de minha esposa e de minha filha, que me apoiaram neste projeto não só de forma moral, mas me acompanhando nas entrevistas e visitas aos terreiros da cidade de Curitiba.

Agradeço a todos os dirigentes espirituais, médiuns e simpatizantes que me acolheram em suas casas e me atenderam com muita cordialidade, colaborando para que esta obra trouxesse a todos a verdadeira Umbanda que muitos criticam e discriminam.

Por último, porém não menos importante, agradeço aos meus amigos que me apoiaram e contribuíram, de alguma forma, na produção deste livro e que me incentivaram a continuar a escrever, para que nada me fizesse desistir deste meu sonho.

Muito obrigado e que Deus abençoe a todos!

Sumário

Introdução 9

A Religião 12

A História 18

A Evolução 26

Médium e Mediunidade 28

A Hierarquia do Terreiro 38

Pontos de Força de um Terreiro 42

Giras ou Sessões e seus Preceitos 45

Consultas e Oferendas 50

Saudações e Gestuais 55

Os Orixás 58

Guias Espirituais 64

Pontos Riscados e os Elementos 72

Curimba e Pontos Cantados 76

A Indumentária, Assessórios e Guias 79

Fumo e Bebida 84

Ervas 89

Banhos 101

Defumação 105

Velas 108

Vibrações das Sete Linhas 113

A Quimbanda e a Kiumbanda 119

Conclusão 123

Introdução

O OBJETIVO DESSE TRABALHO foi escrever um livro a respeito de Umbanda que mostrasse uma visão diferente das já escritas por diversos autores, explicando de uma forma mais simples e com uma linguagem que facilitasse a compreensão de sua estrutura e fundamentos. Esta ideia surgiu após verificar que muitas pessoas não conseguiam compreender esta religião e sua essência, considerando-a um meio mais rápido para solucionar problemas pessoais de cunho material ou emocional, acabando por se tornar um grande consultório sentimental e de ascensão material.

Muitos não conseguem visualizar a Umbanda tal qual uma religião que busca o equilíbrio espiritual do ser humano, que tenta religar o ser ao seu Criador. Poucos buscam o equilíbrio espiritual e a harmonia energética em suas vidas, para que consigam seguir a caminhada na carne com mais força e ao mesmo tempo com suavidade, para transpor espinhos e obstáculos que surgem em nosso dia a dia. Este pensamento sobre a Umbanda leva esta religião ao descrédito de muitos que a consideram o último suspiro para resoluções de problemas que não se solucionam por outros meios, acreditando ser uma religião também permeada pela magia e um caminho mais rápido para soluções de seus problemas.

A Umbanda encantou-me desde a primeira vez que visitei um terreiro. Então, resolvi estudar sobre ela. Queria conhecer seus fundamentos, entender bem mais os "porquês" desta religião e desvendar um pouco do mundo espiritual. Isso tudo me trouxe uma visão diferente da vida e de nossa caminhada nesta encarnação. A Umbanda é uma religião que surgiu para nos ajudar a olharmos a vida por um ângulo diferente, para que possamos compreender que não somos apenas matéria, e que a humildade, a caridade e o amor ao próximo nos proporcionam ligação mais estreita com o nosso Criador. Muitos são os comentários preconceituosos levados pela ignorância, no melhor sentido da palavra, muitas ações por pessoas que se acham conhecedoras dos mistérios, que transformam esta religião maravilhosa em um culto voltado a coisas materiais e acordos financeiros impostos por oportunistas de plantão, que se aproveitam da dor alheia para extorquir os mais desesperados em busca de uma felicidade irreal. As pessoas ainda não se deram conta que a verdadeira felicidade está dentro de nós, e que precisamos apenas nos equilibrar e deixar este sentimento fluir de dentro para fora. Somos os maiores culpados por nossas frustrações, porém se mudarmos nossos conceitos e pensamentos, realizando a reforma íntima, conseguiremos alcançar nossos objetivos com mais facilidade. Existem duas máximas que muito são utilizadas na Umbanda, e que realmente dizem muito, e que tão poucos colocam em prática. A primeira delas é:

Orai e vigiai.

Se conseguirmos vigiar nossos pensamentos e atitudes, direcionando-os para o bem e em prol da caridade, isso nos ajudará muito a nos mantermos longe de energias nocivas que tentam nos retardar em nossa caminha evolutiva, tanto para o lado espiritual quanto para o lado material. Isso não quer dizer que nós devemos ser santos o tempo todo, pois se conseguíssemos tal feito, estaríamos em uma dimensão maior e mais evoluída daquela que nos encontramos hoje. Apenas precisamos direcionar nossas vidas de modo a termos uma caminhada mais ligada ao bem e ao Pai, que é onde buscamos o nosso bem-estar a fim de irradiarmos energias boas àqueles que precisam.

A outra máxima também muito utilizada em nossa filosofia remete-nos à lei do merecimento, à lei da causa e efeito, que é:

O plantio é livre, a colheita é obrigatória.

Isto significa que colheremos os resultados condizentes às atitudes que tomamos no passado, e não digo em outras vidas. Não adianta termos uma vida voltada apenas para o descaso, o lazer e a preguiça, que não colheremos os frutos que tanto almejamos de uma vida de estabilidade e equilíbrio. Somos o que plantamos. Se plantarmos flores, colheremos flores; se plantarmos espinhos não colheremos flores. Se pararmos para meditar acerca destas duas máximas, conseguiremos avaliar, de forma mais efetiva, nossos comportamentos e ações que temos realizado nessa vida e poderemos compreender se as atitudes tomadas têm ajudado em nossa caminhada. Será que os nossos insucessos estão ligados a macumbas, feitiços ou trabalhos feitos por terceiros? Ou somos nós os reais culpados por nossa situação atual?

Mostrar às pessoas que a Umbanda, tão criticada, não tem como fundamento prejudicar pessoas, mas sim buscar o equilíbrio espiritual dos seres humanos, e por meio da caridade levar ajuda aos necessitados que por puro desconhecimento da espiritualidade não conseguem se harmonizar e se aproximar do Criador – esta é uma das premissas da Umbanda.

Salve a Umbanda!

A Religião

Para falarmos a respeito da religião Umbanda temos, primeiramente, de esclarecer qual o significado da palavra Religião e da palavra Umbanda. A palavra "religião" vem do latim *religare* e significa ligar novamente à fonte, à Vida. Portanto, é unir. E união não é discriminação. O verdadeiro religioso sabe que a única forma de não ir contra si mesmo e ser fator de união é não julgar e respeitar as diferenças de crenças, de outra forma ele estaria contra si mesmo e contra o espírito de união que permeia os que amam.

O espírito religioso nasce, cresce e se alimenta de um sentimento muito elevado: o sagrado. E é somente neste espírito sagrado que a religião pode ser compreendida e vivida. A característica da religião é justamente despertar o sagrado nas pessoas e desvendar-lhes um sentimento que só é acessado por meio da espiritualidade. De outra forma, as religiões não teriam subsistido através dos séculos.

Assim, religião é a maneira como cada um vive sua espiritualidade, isto é, sua forma de amar a Deus, o Criador da Vida. As religiões que têm a verdade como fim último são como vários rios que desembocam no mesmo mar. O Pai é um só. Religião é o subterfúgio que o homem criou para cultivar sua fé e se aproximar de Deus.

Umbanda quer dizer *Luz Divina* ou ainda *Conjunto das Leis Divinas*, pois essa palavra significa a própria lei atuante nas manifestações do universo. A Umbanda crê em um ser supremo, o Deus único criador de todas as religiões monoteístas. A Umbanda é regida pela Lei de Justiça Universal que determina a cada um colher o fruto de suas ações. A Umbanda possui uma identidade própria e não se confunde com outras religiões ou cultos, embora a todos respeite fraternalmente, partilhando alguns princípios com muitos deles.

A Umbanda é uma religião que tem como seu Mentor Espiritual maior, Jesus Cristo. Por isso, estamos falando de uma religião Cristã e não de um culto primitivo, satânico ou do mal que segue ritos de magias negras, de amarrações e de outros tantos que encontramos por aí, onde buscam alcançar o sucesso de alguns através do insucesso de outros.

Muitas foram as definições dadas à Umbanda. Por não se tratar de uma religião codificada ou com dogmas, ela não é engessada, e não impede que cada dirigente faça seu ritual conforme seu entendimento, porém sempre seguindo a única regra deixada pelo Caboclo das Sete Encruzilhadas, entidade que veio informar o surgimento desta nova religião, *amor, humildade, caridade.* A Umbanda é uma religião em eterna evolução.

A frase que ouvi em minhas pesquisas e que mais exprime o que é a Umbanda e que sintetiza tudo é: *A Umbanda é a manifestação do espírito para a caridade.*

A Umbanda, por incrível que pareça, é muito mais que os trabalhos realizados nos terreiros, tendas, casas de caridade ou qualquer outra denominação que desejem a ela atribuir. É filosofia de vida. Religião em que seus ensinamentos e fundamentos devem ser seguidos mesmo fora dos terreiros e praticados no nosso dia a dia. Nosso amor, nossa humildade e nossa caridade não podem simplesmente ser aprisionados em nossos terreiros, após fecharmos as portas aos finais das sessões, mas sim praticados em toda nossa caminhada, principalmente pelos verdadeiros umbandistas que possuem o conhecimento dos fundamentos dessa religião.

Umbanda é fé, é alegria, é o equilíbrio para transpormos as barreiras que surgem diante de nós em nossos dias. Religião naturalista que busca em seus rituais respeitar a natureza, não ferindo os campos de energia que nos dão a sustentabilidade de nossas vidas.

Os mais espiritualizados definem a Umbanda tal qual uma religião que busca resgatar a espiritualidade no ser humano na sua forma mais pura. É o reencontro do seu eu com o Criador.

Por se tratar de uma religião que acredita que a morte é apenas um estágio da vida, a Umbanda não busca apenas auxiliar a nós os encarnados, mas também a evolução e o regaste de almas desencarnadas, para que essas possam cada vez mais evoluir e nos ajudar em nossa missão na carne.

Desse modo, não podemos associar a Umbanda a ebós (tipo de trabalho com oferenda) com animais sacrificados, litros de bebidas alcoólicas e charutos, entregues em esquinas e encruzilhadas. Realizamos entregas, porém nada que venha a ferir ou estarrecer os olhos de terceiros. Hoje, a maioria dos terreiros já possui um espaço próprio para estas entregas, evitando tanto a poluição de nossas cidades, matas, cachoeiras etc., assim também a poluição visual que pessoas que não possuem nenhuma ligação com essa religião tenham de presenciar.

A Umbanda possui três pilares que também são considerados os elaboradores desta religião, seguindo os ditames de nosso senhor Jesus Cristo. A criança (erê), que representa a pureza e a inocência; o Caboclo, que nos traz a virilidade, força e a atitude do jovem; o Preto Velho, que é o amadurecimento, a sabedoria e a serenidade. Se compararmos esta tríade com nossas vidas na matéria teremos a evolução humana (criança, adulto e a melhor idade).

A Umbanda trouxe influências de basicamente quatro religiões já cultuadas no Brasil na época de seu surgimento:

- O **Catolicismo**, com o sincretismo dos seus santos com nossos Orixás, em que temos em Oxalá, o nosso mentor maior e sincretizado em Jesus Cristo, senhor da paz, da harmonia; Xangô, sincretizado em São Jerônimo, o orixá da justiça divina tendo seu ponto de força nas pedreiras; Ogum, sincretizado em São Jorge (e no Nordeste Brasileiro, representado por São Sebastião), o santo guerreiro, que é o executor das leis divinas e tem seu ponto de força nas estradas, nos caminhos; Iemanjá, a mãe das águas salgadas, sincretizada em Nossa Senhora dos Navegantes, orixá da origem da vida, com seu ponto de força nos mares e oceanos; Oxum, sincretizada em Nossa Senhora da Conceição, mãe poderosa, que olha pelos seus filhos em suas caminhadas, sendo seu ponto de força nas águas doces dos rios, lagos e cachoeiras; Oxóssi, sincretizado em São Sebastião (e no Nordeste Brasileiro, é representado por São Jorge), orixá das matas, o verdadeiro caçador, conhecedor de ervas e grande curador; Iansã, guerreira dos ventos e dos raios, sincretizada em Santa Bárbara, orixá responsável pela limpeza espiritual trazendo equilíbrio e transformação tanto para encarnados quanto desencarnados; Obaluaê, senhor das doenças, senhor da cura, responsável pela desencarnação dos espíritos, do desligamento do mundo material e da passagem para o mundo espiritual, regente dos campos santos (cemitérios), sincretizado em São Lázaro e por último, porém não menos importante, nossa Mãe Nanã Buruquê, sincretizada em Sant'Ana, avó de Nosso Senhor Jesus Cristo, regente dos portais da vida e da desencarnação, seu ponto de força são os lamaçais, mangues é a renovação.

Este sincretismo deu-se por necessidade de proteger da descriminação e da perseguição dos preconceituosos com ritos ligados aos negros, por acharem se tratar de magia negra, bruxaria. Esse sincretismo foi a forma que os escravos encontraram para cultuarem seus Orixás, sem a interferência da Igreja e dos senhores de engenho.

- O **Kardecismo**, com suas doutrinas e ensinamentos espíritas codificados por Kardec, que nos ensina que a vida não cessa após a morte, e que existe um mundo espiritual onde o espírito está sempre em evolução.

- O **Candomblé**, por meio do culto aos Orixás e por meio de algumas expressões trazidas pelos negros escravos e introduzidas pelos nossos queridos Pretos-Velhos.

- A **Pajelança** dos índios brasileiros, e o trabalho com ervas, buscando a cura do corpo, da mente e da alma.

Apesar de todas essas fontes que contribuíram no surgimento da Umbanda, hoje esta religião encontra-se em um nível evolutivo crescente, que busca sua própria identidade para continuar sua caminhada em favor da evolução espiritual da humanidade. Seu surgimento deu-se pela necessidade de se abrir espaço a espíritos seguidores das leis divinas que não encontravam local para trabalhar em auxílio aos mais necessitados, pois as religiões existentes naquela época atribuíam a esses espíritos vibrações diferentes das acostumadas, considerando-os Eguns, almas perdidas.

Não existia nenhuma religião mais humanista para buscarem o equilíbrio e a cura de suas mazelas. Espíritos com grau de elevação e evolução de grande valia buscavam uma maneira de atender aos menos providos e excluídos pela sociedade, tentando assim sua evolução segundo as leis divinas.

A sociedade encontrava-se em busca desenfreada pelo materialismo, pelo poder, esquecendo-se de sua missão na Terra – a evolução espiritual, e com isso caíam nas mãos de falsos profetas, fazendo com que o Astral se posicionasse para salvar a criação mais maravilhosa de Deus, o ser humano, antes que fosse tarde. A Umbanda veio para resgatar estes valores.

Apesar das várias ramificações desta religião, a Umbanda é uma só, pois todas seguem os seus principais fundamentos – Amor, Humildade e Caridade.

Em minhas pesquisas encontrei um pequeno texto que sintetiza tudo o que me foi dito em várias entrevistas.

A Umbanda é uma doutrina espiritualista como o Espiritismo, o Catolicismo, o Protestantismo, o Judaísmo, o Esoterismo, etc., o que não impede de haver entre elas diferenças essenciais que lhes dão características próprias, pois todas têm como unidade o cristianismo.

A Umbanda, sendo uma religião, possui sua teologia, sua liturgia, seus praticantes e sua hierarquia, podendo-se realizar Batizados, Casamentos e outras cerimônias dentro de seus cultos, e com aprovação divina.

A História

HISTORICAMENTE, O SURGIMENTO DA UMBANDA deu-se em final de 1908, quando Zélio Fernandino de Moraes, aos 17 anos, havia concluído o ensino médio e preparava-se para ingressar na escola Naval, a exemplo de seu pai, quando fatos estranhos começaram a acontecer em sua vida. Em certos momentos, Zélio era visto assumindo a postura de um velho, falando manso, com sotaque diferente ao de sua região e dizendo coisas aparentemente desconexas; em outros momentos, o jovem parecia um felino lépido e desembaraçado, mostrando conhecer todos os mistérios da natureza. Isso logo chamou a atenção da família preocupada com a situação mental do menino que se preparava para seguir carreira militar; os "ataques" tornavam-se cada vez mais frequentes. Assim, Zélio foi encaminhado ao seu Tio, Dr. Epaminondas de Moraes, médico psiquiatra e diretor do Hospício da Vargem Grande. Após vários dias de observação, não encontrando seus sintomas em nenhuma literatura médica, Dr. Epaminondas sugeriu à família que o encaminhasse a um padre para que fosse feito um ritual de exorcismo, pois pressupunha que seu sobrinho estivesse possuído por algum demônio.

Foi chamado, então, outro tio de Zélio, que era padre católico e que realizou o dito exorcismo para livrá-lo da possível presença do demônio e saná-lo dos ataques. No entanto, este e outros dois exorcismos, acompanhados de outros sacerdotes católicos, não resolveram a situação, e as manifestações prosseguiram. Algum tempo depois, Zélio foi tomado por uma paralisia parcial, cuja causa os médicos não conseguiam apurar. Um belo dia, Zélio levantou-se de seu leito e disse: "Amanhã estarei curado", e no dia seguinte começou a andar como se nada tivesse acontecido. Um amigo da família sugeriu encaminhá-lo à recém-fundada Federação Kardecista de Niterói, Município vizinho a São Gonçalo das Neves onde residia a Família Moraes. A Federação era, então, presidida pelo Sr. José de Sousa, chefe de um departamento da marinha. Zélio Fernandino de Moraes, por sua vez, foi conduzido a esta Federação no dia 15 de novembro de 1908, na presença do Sr. José de Sousa. Convidado a se sentar à mesa, logo em seguida levantou-se e, contrariando as normas do culto estabelecido pela instituição, afirmou que ali faltava uma flor. Foi até o jardim, apanhou uma Rosa-branca e a colocou no centro da mesa onde se realizava o trabalho. Sr. José de Sousa, que possuía também a clarividência, verificou a presença de um espírito manifestado por meio de Zélio e passou ao diálogo a seguir:

Sr. José: Quem é você que ocupa o corpo deste jovem?

O espírito: Eu? Eu sou apenas um caboclo brasileiro.

Sr. José: Você se identifica como caboclo, mas vejo em você restos de vestes clericais.

O espírito: O que você vê em mim são restos de uma existência anterior. Fui padre, meu nome era Gabriel Malagrida; acusado de bruxaria fui sacrificado na fogueira da inquisição por haver previsto o terremoto que destruiu Lisboa em 1755. Mas, em minha última existência física Deus concedeu-me o privilégio de nascer como um caboclo brasileiro.

Sr. José: E qual é seu nome?

O espírito: Se é preciso que eu tenha um nome, digam que eu sou o Caboclo das Sete Encruzilhadas, pois para mim não existirão caminhos fechados. Venho trazer a Umbanda, uma religião que harmonizará as famílias e que há de perdurar até o final dos séculos.

E no desenrolar da conversa Sr. José perguntou se já não existiam religiões suficientes, fazendo inclusive menção ao espiritismo.

O espírito: Deus, em sua infinita bondade, estabeleceu na morte o grande nivelador universal, rico ou pobre, poderoso ou humilde, todos se tornam iguais na morte, mas vocês homens preconceituosos, não contentes em estabelecer diferenças entre os vivos, procuram levar estas mesmas diferenças até mesmo além da barreira da morte. Por que não podem nos visitar esses humildes trabalhadores do espaço, que apesar de não haverem sido pessoas importantes na Terra, também trazem importantes mensagens do além? Por que o não aos caboclos e pretos-velhos? Acaso não foram eles também filhos do mesmo Deus?... Amanhã, na casa onde meu aparelho mora, haverá uma mesa posta a toda e qualquer entidade que queira ou precise se manifestar, independente daquilo que tenha sido em vida, todos serão ouvidos; nós aprenderemos com aqueles espíritos que souberem mais e ensinaremos àqueles que souberem menos e a nenhum viraremos as costas, a nenhum diremos não, pois esta é a vontade do Pai.

Sr. José: E que nome darão a esta Igreja?

O espírito: Tenda Nossa Senhora da Piedade, pois da mesma forma que Maria ampara nos braços o filho querido, também serão amparados os que se socorrerem da Umbanda.

No dia seguinte, na Rua Floriano Peixoto, 30 – Neves – São Gonçalo – RJ, próximo às 20h, estavam presentes membros da Federação Espírita, parentes, amigos, vizinhos e uma multidão de desconhecidos e curiosos. Pontualmente, o Caboclo das Sete Encruzilhadas incorporou e com as palavras abaixo iniciou seu culto:

Vim para fundar a Umbanda no Brasil, aqui se inicia um novo culto em que os espíritos de pretos velhos africanos e os índios nativos de nossa terra poderão trabalhar em benefício dos seus irmãos encarnados, qualquer que seja a cor, raça, credo ou posição social. A prática da caridade no sentido do amor fraterno será a característica principal deste culto.

(Palavras do Caboclo das Sete Encruzilhadas)

Após trabalhar fazendo previsões, passe e doutrina, informou que devia se retirar, pois outra entidade precisava se manifestar. Após a "subida" do Caboclo, Zélio Fernandino de Moraes incorporou uma entidade reconhecida como "Preto-Velho". Saindo da mesa dirigiu-se a um canto da sala onde permaneceu agachado. Questionado acerca do porquê não ficar na mesa, ele respondeu:

Nego num senta não meu sinhô, nego fica aqui mesmo. Isso é coisa de sinhô branco e nego deve arespeitá.

Após insistência ainda completou:

Num carece preocupa não. Nego fica no toco que é lugar de nego.

E assim continuou dizendo outras coisas mostrando a simplicidade, a humildade e a mansidão daquele que trazendo o estereótipo do preto-velho se fez identificar como Pai Antônio. Logo, cativou a todos com seu jeito; ainda lhe perguntaram se ele não aceitava nenhum agrado, ao que respondeu:

Minha cachimba, nego qué o pito que deixou no toco. Manda moleque busca.

Todos ficaram perplexos, estavam presenciando a solicitação do primeiro elemento material de trabalho dentro da Umbanda. Na semana seguinte, todos trouxeram cachimbos que sobraram diante da necessidade de apenas um para Pai Antônio. Assim, o cachimbo foi instituído na linha de preto-velho, sendo também ele a primeira entidade a pedir uma guia (colar) de trabalho. O pai de Zélio frequentemente era abordado por pessoas que queriam saber como ele aceitava tudo isso que vinha acontecendo em sua residência, e sua resposta era sempre a mesma: em tom de brincadeira respondia que preferia um filho médium ao lugar de um filho louco. Foi um trabalho árduo e incessante para o esclarecimento, difusão e sedimentação da religião de Umbanda. Enquanto Zélio esteve encarnado foram fundadas mais de 10.000 tendas. Mais tarde, junto com sua esposa Maria Izabel de Moraes, médium ativa da tenda e aparelho do Caboclo Roxo, fundou a Cabana de Pai Antônio no Distrito de Boca do Mato, Município de Cachoeira do Macau – RJ. Zélio Fernandino de Moraes desencarnou no dia 03 de Outubro de 1975.

Após 55 anos de atividade entregou a direção dos trabalhos da Tenda Nossa Senhora da Piedade a suas filhas Zélia e Zilméia. Suas filhas deram continuidade ao trabalho e a "Tenda Nossa Senhora da Piedade" existe até hoje sob a direção de Zilméia de Moraes, sua filha, que aos 88 anos de idade mostra-se ainda muito lúcida e ativa à frente dos trabalhos.

> *A Umbanda tem progredido e vai progredir. É preciso haver sinceridade, honestidade, e eu previno sempre aos companheiros de muitos anos: a vil moeda vai prejudicar a Umbanda; médiuns que irão se vender e que serão, mais tarde, expulsos, como Jesus expulsou os vendilhões do templo. O perigo do médium homem é a consulente mulher; do médium mulher é o consulente homem. É preciso estar sempre de prevenção, porque os próprios*

obsessores que procuram atacar as nossas casas fazem com que toque alguma coisa no coração da mulher que fala ao pai de terreiro, como no coração do homem que fala à mãe de terreiro. É preciso haver muita moral para que a Umbanda progrida, seja forte e coesa. Umbanda é humildade, amor e caridade – esta é a nossa bandeira. Neste momento, meus irmãos, me rodeiam diversos espíritos que trabalham na Umbanda do Brasil: Caboclos de Oxóssi, de Ogum, de Xangô. Eu, porém, sou da falange de Oxóssi, meu pai, e não vim por acaso, trouxe uma ordem, uma missão. Meus irmãos: sejam humildes, tenham amor no coração, amor de irmão para irmão, porque vossas mediunidades ficarão mais puras, servindo aos espíritos superiores que venham abaixar entre vós; é preciso que os aparelhos estejam sempre limpos, os instrumentos afinados com as virtudes que Jesus pregou aqui na Terra, para que tenhamos boas comunicações e proteção para aqueles que vêm em busca de socorro nas casas de Umbanda. Meus irmãos: meu aparelho já está velho, com 80 anos a fazer, mas começou antes dos 18. Posso dizer que o ajudei a casar, para que não estivesse a dar cabeçadas, para que fosse um médium aproveitável e que, pela sua mediunidade, eu pudesse implantar a nossa Umbanda. As maiores partes dos que trabalham na Umbanda, se não passaram por esta Tenda, passaram pelas safras desta Casa. Tenho uma coisa a vos pedir: se Jesus veio ao planeta Terra na humildade de uma manjedoura, não foi por acaso. Assim o Pai determinou. Podia ter procurado a casa de um potentado da época, mas foi escolher aquela que havia de ser sua mãe, este espírito que viria traçar à humanidade os passos para obter paz, saúde e felicidade. Que o nascimento de Jesus, a humildade que Ele baixou à Terra sirva de exemplos, iluminando os vossos espíritos, tirando os escuros de maldade por pensamento ou práticas; que Deus perdoe as maldades que possam ter sido pensadas, para que a paz possa reinar em vossos corações e nos vossos lares. Fechai os olhos para a casa do vizinho; fechai a boca para não murmurar contra quem quer que seja; não julgueis para não serdes julgados; acreditai em Deus e a paz entrará em vosso lar. É dos Evangelhos. Eu, meus irmãos, como o menor espírito que baixou à Terra, mas amigo de todos, numa concentração perfeita dos companheiros que me rodeiam neste momento, peço que eles sintam a necessidade de cada um de vós e que, ao sairdes deste templo de caridade, encontreis os caminhos abertos, vossos enfermos melhorados e curados, e a saúde para sempre em vossa matéria. Com um voto de paz, saúde e felicidade, com humildade, amor e caridade, sou e sempre serei o humilde Caboclo das Sete Encruzilhadas. O BRASIL.

Muitos perguntam por que o Brasil foi o local escolhido para o surgimento desta nova religião, e muitas são as versões que se divulgam nos terreiros de Umbanda e livros, pois todas as já existentes tiveram sua origem na Europa, Ásia e África. O Brasil até, então, não possuía nenhuma religião genuína, com surgimento em seu território.

Alguns estudiosos e espiritualistas afirmam que a Umbanda é anterior à data de sua divulgação e a consideram uma religião cuja origem estaria há milhares de anos em civilizações extintas, que tinham esta religião como um culto velado pelos antigos magos brancos, e que teria ressurgido no Brasil devido à vibração do território brasileiro na época. Porém, nada é comprovado, por isso, baseado em fatos reais, podemos dizer que realmente a Umbanda é uma religião brasileira.

O Brasil foi escolhido pelo Astral para o surgimento desta nova religião devido à necessidade de resgates de espíritos que possuíam um grau de evolução em desenvolvimento e não possuíam espaço para trabalharem em prol do bem e da caridade, buscando não só sua evolução através deste trabalho, mas também o auxílio aos mais necessitados e excluídos da sociedade. Espíritos que, em sua maioria, enquanto encarnados fizeram parte da construção deste país e porque não dizer de sua História, como os negros escravos, os índios brasileiros, os boiadeiros do serrado e tantos outros que desencarnaram em nossa terra.

O Brasil, segundo algumas linhas espiritualistas, é um país amigo, de multirraças, com diversidade de cultura e crença, com facilidade de aceitação de coisas novas, do mesmo modo a sua assimilação. Além de todos estes atributos, o território brasileiro apresentava-se com uma vibração energética propícia ao surgimento desta nova religião que buscava o equilíbrio e a evolução da humanidade.

E conforme contado na história acima surge no Brasil a Umbanda, religião que veio resgatar a espiritualidade e o equilíbrio espiritual de um povo que passava por um momento complicado, em que a busca desenfreada pelo poder e por bens materiais reinava. Por consequência deste momento, surgem falsos profetas, oferecendo soluções milagrosas e com resposta imediata, utilizando-se de magia negra e levando o ser humano a se afastar cada vez mais de seu Criador. E um dos papéis principais para o surgimento da Umbanda foi combater esse tipo de magia e harmonizar seu povo.

A Evolução

DESDE SEU SURGIMENTO, a Umbanda vem evoluindo não apenas na maneira de realização de seus cultos, mas também na forma de trabalhar a espiritualidade. Tudo no mundo vem evoluindo, a área da tecnologia, da comunicação, da ciência e como não poderia ser diferente, a das religiões tiveram de se adequar à novas mudanças globais, não só para atrair mais adeptos aos seus cultos, mas também porque o mal vinha em grande ascensão e porque não dizer evolução. As religiões precisavam e precisam evoluir para combater este mal que hoje impera no mundo. A Umbanda surgiu principalmente para buscar esta evolução, para que a visão espiritual no mundo se modificasse, do mesmo jeito que o Kardecismo já vinha trabalhando. Doce ilusão acreditarmos que entre o céu e a terra existe apenas o ar que respiramos. O mundo espiritual tem se mostrado a cada dia mais presente em nossas vidas; o véu que cobria as duas dimensões está se desfazendo aos poucos, porém isso não ocorre apenas para o bem, mas para o mal também. E para a Umbanda esta evolução não poderia ser diferente, apesar de ser uma religião ainda considerada nova entre os encarnados.

Esta evolução deu-se mais nitidamente em seus cultos, pois no seu surgimento em 1908 não se faziam uso de atabaques. Naquela época, as religiões africanizadas que usavam tais instrumentos eram perseguidas e marginalizadas, como tudo que era ligado aos negros. Somente com o passar dos tempos e a liberação dos cultos é que estes instrumentos começaram a ser adaptados aos ritos. Uma vertente da religião acredita que o som desses instrumentos, associado aos pontos cantados, cria mais sintonia às energias trabalhadas em suas sessões, facilitando assim, além das incorporações, mais harmonia entre as energias e forças-pensamento liberadas por médiuns e pelas pessoas que assistem a esses cultos, além de tornar seus rituais mais alegres.

Outros acreditam que a utilização desses instrumentos estreita a Umbanda aos cultos realmente africanizados do Candomblé, mas não entraremos neste mérito, pois ao dar início à Umbanda o Caboclo das Sete Encruzilhadas deixou bem claro que deixaria a Tenda Nossa Senhora da Piedade como um modelo, mas cada um poderia realizar seus cultos conforme seu entendimento, porém sempre seguindo a premissa **Amor, Humildade e Caridade**, e em seus rituais não se faria uso de sacrifícios animais ou de qualquer espécie e não haveria cobranças em seus atendimentos.

Outro aspecto que denota evolução nesses mais de cem anos da Umbanda é a criação de cargos, que chamamos de hierarquia. Voltando ao início da religião, e por esta não possuir muitos adeptos, não havia a necessidade da existência do que chamamos hoje de Pais Pequenos e Mães Pequenas e Capitães, este primeiro, absorvido pela influência que teve do Candomblé através dos pretos-velhos escravos, e o segundo criado pela própria religião. Esses cargos foram criados com intuito de auxiliar o dirigente espiritual a coordenar e a organizar suas sessões evitando assim que ninguém passasse sem ser atendido durante suas giras.

A Umbanda tem evoluído e a cada vez mais busca essa evolução, com o intuito de alcançar o equilíbrio e o despertar da humanidade para o mundo espiritual.

Médium e Mediunidade

POR SERMOS SERES HUMANOS ENCARNADOS e dotados de espírito, temos uma ligação com o mundo espiritual mesmo que involuntariamente e isso nos torna médiuns, logo todos somos médiuns, porém algumas pessoas possuem essa mediunidade mais aflorada ou desenvolvida e outras não.

O ser encarnado que escolhe seguir o caminho da espiritualidade, independente da religião, consegue ter uma visão diferenciada da vida, compreende bem mais todos os percalços de sua caminhada e consegue entender bem mais que existe entre o Céu e a Terra muito mais do que o ar que nós respiramos.

Na Umbanda, possuímos algumas formas de mediunidade, como a de **incorporação** que é a mais conhecida, em que o médium serve de aparelho mediúnico para que nossos Guias Espirituais possam transmitir seus recados e nos auxiliar; a **clarividência**, quando o médium tem o dom de ver o mundo espiritual além do mundo material; a **clariaudiência,** em que o médium tem o dom de ouvir nossos Guias Espirituais sem precisar estar incorporado; a **psicografia**, em que o médium é capaz de receber mensagens e escrevê-las. Além de outras formas de expressão da mediunidade, tal qual a de doação de energia, em que o médium não incorpora, mas doa sua energia para os trabalhos que estão ou serão realizados durante uma gira de Umbanda.

Ao se iniciar em uma corrente mediúnica de Umbanda, o médium começa a desenvolver sua mediunidade e, aos poucos, vai abrindo seus canais de contatos com o mundo espiritual. Este processo, na maioria das vezes, não ocorre de um dia para o outro, devemos ter paciência e dedicação. Para alguns esta caminhada é mais curta, para outros mais longa, mas todos que abraçam esta religião começam uma caminhada para a evolução espiritual.

Muitos perguntam:

Se eu começar a me desenvolver na Umbanda e sair, os Guias Espirituais vão me perseguir? Vou incorporar na rua?

Não. Isso não ocorre. Porém, ao iniciarmos nossa caminhada em busca de evolução espiritual, que nos ajudará em nossa caminhada material, abrimos nossos canais mediúnicos e poderemos ser assediados por espíritos oportunistas, mas isso somente ocorrerá se não conduzirmos nossa vida com ética e dentro das sendas do bem, e eu não estou falando de Santo. Mas, isso deveria ser uma conduta que deveríamos seguir mesmo não participando de nenhuma congregação religiosa. O assédio ocorre a todos, mas com nossos canais mediúnicos abertos isso fica mais fácil a estes espíritos. Porém, não seremos perseguidos porque deixamos essa ou qualquer outra religião. Muitos dizem que os Guias ou o Santo está cobrando, mas isso, sob o meu ponto de vista, é balela, pois temos o nosso livre-arbítrio, e essa é uma questão muito respeitada no mundo espiritual. O que não podemos é ficar meio lá meio cá, pois isso sim pode nos causar alguma influência. Quando digo **meio lá, meio cá,** quero dizer quando participamos de uma corrente mediúnica e lá vamos quando somente precisamos de ajuda, pedimos orientação aos Guias, prometemos mundos e fundos e depois que tudo se normaliza ou melhora, abandonamos de novo.

Já que falamos em livre-arbítrio e estamos falando de médiuns e mediunidade, precisamos tocar num assunto que vejo que para muitos ainda é pouco compreensível. Muitos médiuns veem a Umbanda tal qual um meio de se reequilibrar. Até aí, tudo bem. Porém, tornam-se médiuns de festas, de giras de esquerda, e se esquecem que não é apenas de festa ou de giras de esquerda que vive a Umbanda. Muitos dizem que não é certo viver para a religião. Isso também está certo, se for para ir a uma gira de Umbanda, contra a vontade, e ficar pensando em uma festa ou churrasco que poderia estar em vez de estar ali. Também está muito certo. Porém, se optamos em seguir uma religião, independente de qual for, esse é o nosso livre-arbítrio, escolhermos se queremos ou não seguir esta ou aquela religião. Precisamos ter a certeza antes desta escolha que é isso que buscamos ou queremos. A partir deste momento nosso livre-arbítrio fica um pouco de lado, pois no momento em que fazemos a nossa escolha, quando nos filiamos a uma congregação religiosa, nós devemos seguir sua ritualística e as normas que esta ou aquela igreja determinou, pois um terreiro de Umbanda também é uma Igreja. Um terreiro não é um clube ou apenas um local de encontros que vamos quando bem desejamos. Precisamos levar a sério esta religião. Não precisamos viver em função, mas podemos adequar a nossa vida ao compromisso que assumimos. Não vivemos para religião, a religião vive em nós. Se não estamos preparados para assumir um compromisso e que precisamos adequar nossa vida e nos privarmos de uma coisa em troca de outra, a melhor coisa que temos a fazer é aguardar o momento certo para assumirmos nossa religiosidade, e nossos Guias aguardarão nosso momento certo, muito melhor que nos terem pela metade e seguir uma evolução capenga.

Pense antes de assumir um compromisso. Veja se está preparado para suportar a carga que este compromisso possa lhe impor.

Ir a um terreiro para ver como é incorporar, alimentar seu ego com sua mediunidade, achando-se o melhor médium do mundo, se não está em suas prioridades se doar ao próximo, não está correto. Então, ainda não chegou seu momento, espere esta fase passar e aí sim assuma o compromisso que seja melhor para você.

Médium umbandista consciente, sério e comprometido com a espiritualidade, leva a sério sua religião, faz todos os preceitos antes de uma gira, mantém seus pensamentos elevados e voltados para o bem comum, estuda e cumpre seus compromissos religiosos, sem se esquecer de viver sua vida.

Quando médium umbandista começa a desenvolver sua mediunidade, a incorporação é a que mais lhe chama a atenção, pois o mistério que a envolve ainda é muito grande; neste período o médium sofre de um processo chamado **Animismo**. Este processo é muito delicado, pois se não for bem orientado, o médium pode acabar por mistificar (buscar da credulidade de alguém para se divertir às suas custas) sua incorporação e até a própria religião.

Muitos dizem que o animismo é um mal necessário sofrido pelos médiuns, porém se bem orientado e com acompanhamento de perto do dirigente da casa, pode ser de grande valia nesta etapa da vida. Este processo refere-se ao auxílio que o médium dá ao Mundo Astral para facilitar a incorporação e acoplamento da energia do Guia Espiritual com a sua energia, deixando-se levar pelos sentimentos absorvidos pela energia que se aproxima. Contudo, este processo não pode ser exagerado, pois além de não colaborar com o acoplamento da energia, acaba por interferir e afastar a entidade que se predispôs a utilizar o médium para seu trabalho na caridade.

Tanto o médium quanto o dirigente da casa devem atentar-se para o animismo, evitando que não se torne um vício e o médium acredite estar incorporado, quando a entidade apenas está próxima, vibrando sua energia. Este controle pode acontecer com mais facilidade através de sessões de desenvolvimento mediúnico (sessão fechada ao público), em que o dirigente da casa poderá dar mais atenção aos médiuns novos em suas incorporações.

Seguindo o tema incorporação, alguns questionamentos são constantes por médiuns iniciantes.

Será que realmente estou incorporado, pois estou consciente do que estou fazendo?

Hoje na Umbanda, 80% dos médiuns que incorporam são conscientes, isso quer dizer que sabem tudo o que está acontecendo e são cúmplices de seus Guias Espirituais. Antigamente, lá no início da Umbanda, possuíamos mais médiuns inconscientes. Isso era um artifício que os Guias Espirituais utilizavam para que o médium não interferisse nas consultas e trabalhos, pois poderiam achar tudo muito estranho, por se tratar de uma religião nova e com ritualística diferente das demais existentes. Com o tempo, a inconsciência cedeu espaço à semiconsciência, e hoje a maioria dos médiuns é consciente, um fator que obriga o médium a se preparar mais para que as mensagens transmitidas por nossos amigos do Astral sejam mais compreensivas. Por isso, precisamos, além de estudar mais, estarmos atentos durante a incorporação a fim de perceber se o comportamento adotado naquele momento condiz com o habitual em nossa personalidade.

Qual a necessidade do médium de estar consciente durante a incorporação?

Como já foi dito, a incorporação é um processo de parceria, em que tanto médium quanto entidade utilizarão para aprendizado e evolução espiritual. Por meio do conhecimento do Guia Espiritual e do conhecimento do médium é que se dão os conselhos e prováveis soluções para o equilíbrio do consulente.

É como se fôssemos a um médico e ao entrarmos no consultório encontrássemos dois médicos para dar o diagnóstico de alguma moléstia que pudéssemos apresentar. Claro que alguns casos em que o médium não precise tomar parte das informações, o Astral incumbe-se de deixar que este absorva apenas o que seja importante para o seu aprendizado, e o que diz respeito apenas à entidade e ao consulente o médium não absorve.

O que estou incorporando são Guias de Luz ou Zombeteiros?

Mais uma vez vou bater na mesma tecla. Precisamos estudar para compreendermos esta religião que ainda possui muitos mistérios. Somente o estudo nos trará a clareza que tanto precisamos. Mas, se estivermos de corpo e alma em uma gira, e atentos a tudo que acontece, inclusive a nós mesmos, poderemos identificar se algo está errado. Às vezes, os espíritos Zombeteiros tentam nos enganar para adquirir nossa confiança, a fim de que possam nos dominar e atrapalhar energeticamente os trabalhos de uma casa. Para isso, precisamos fazer nossos preceitos antes de uma gira, mantermos nossos pensamentos elevados, nossas atitudes retas, para que cada vez mais nossos protetores fortaleçam-se e não permitam que o ataque de um obsessor tenha sucesso.

Por que alguns médiuns parecem sofrer na incorporação e na desincorporação?

Para respondermos a esta pergunta precisaremos falar como funciona basicamente uma incorporação. Tentarei ser bem básico e didático para que todos possam compreender.

Quando o processo de incorporação tem início, o Guia Espiritual precisa baixar sua vibração a um determinado ponto para que sua energia iguale-se com a do médium e o acoplamento ocorra de forma natural. Porém, se o médium estiver com sua energia baixa, por algum motivo, o Guia precisará baixar ainda mais sua energia e isso, muitas vezes, acaba gerando um choque. E o que vemos no mundo material ocorre no mundo espiritual, médium e entidade **sofrem** na hora do acoplamento e precisam de mais tempo para que este acoplamento fique firme e se estabilize. Na hora da desincorporação, isso também ocorre, e aí vemos médiuns caírem ao chão, sentirem-se tontos e com o corpo trêmulo, isso ocorre porque após o desacoplamento ainda estarão sentindo a vibração daquela energia. Mas, essa sensação passa e não deixará sequelas no médium. Com o tempo, se o médium começar a se cuidar e aprimorar seu preparo para os trabalhos mediúnicos, esse quadro tende a diminuir.

Já incorporo, quando então meu Guia Espiritual vai riscar seu ponto? Posso usar uma capa ou outro acessório qualquer?

Como já falei, não podemos atropelar etapas, tudo tem a hora certa de acontecer. O guia incorporado irá riscar seu ponto somente quando ele achar que realmente o médium está preparado e a energia dos dois bem fixada, bem firme, como nós falamos nos terreiros. Quanto ao uso de capas, primeiro precisamos saber qual entidade está ali incorporada; segundo se ela realmente precisa de uma capa para seus trabalhos e terceiro, se este já o momento de preparar uma capa para essa entidade, sem que isso afete a índole do médium, fazendo inflar seu ego e acabando por desvirtuar um médium. Outros acessórios não são de necessidade da entidade, mas sim do médium. É como se este precisasse desses assessórios para firmar seus pensamentos ou fortalecer a sua fé de que realmente há uma entidade ali incorporada. E isso não está errado nem certo, apenas precisamos fortalecer nossa fé, nossos pensamentos, aguardarmos o momento certo para que as coisas aconteçam naturalmente, sem atropelo, para que não atrapalhe nossa evolução. Mas acima de tudo, devemos estar com o coração transbordando amor ao próximo e de corpo e alma nos trabalhos espirituais, a fim de atingirmos o sucesso deste, que é equilibrar nossos irmãos.

Se por algum motivo eu não puder realizar o preceito antes da gira eu não posso participar dos trabalhos daquele dia? Como expliquei anteriormente, o mais importante é o que sai da boca e não o que entra. Se mantivermos nossos pensamentos elevados, nos resguardarmos de qualquer atitude ou ação que possa atrair energias nocivas à nossa aura, claro que podemos. Ao chegarmos no terreiro, nos ajoelhamos à frente do Congá e pedimos aos nossos Guias que nos limpem energeticamente, preparando-nos para os trabalhos que se iniciarão. Se esse pedido for feito de coração, com certeza será atendido. Agora, se não nos preocupamos com nosso comportamento, nem com nossos pensamentos no período que antecede a uma gira, o melhor é informarmos ao nosso dirigente e pedirmos para acompanhar os trabalhos da assistência, para que nossa energia não interfira naqueles trabalhos.

Sempre é aconselhado a uma pessoa que se sente atraída pela religião e resolve fazer parte dessa corrente mediúnica, que conheça mais a religião e seus fundamentos, para que não se arrependa ou se afaste ao primeiro obstáculo que apareça à sua frente. Temos de ter a plena consciência que ao nos tornarmos umbandistas estamos abdicando de alguns hábitos que antes faziam parte de nossas vidas. A quem procura um terreiro de Umbanda para se tornar médium apenas para satisfazer sua curiosidade ou seu ego, aconselhamos a repensar suas prioridades e permanecer apenas como consulente e simpatizante, pois assim estará ajudando muito mais do que participar dessa corrente sem estar comprometido de corpo e alma com seus fundamentos.

Ao ingressar em qualquer religião e no nosso caso a Umbanda, devemos estar certos de que temos uma sintonia boa com sua filosofia e estamos cientes de suas obrigações para que o candidato a médium de corrente não se iluda e não possa cumpri-las. Sempre tive em minha mente que para fazer parte de uma congregação religiosa deveria acontecer uma química entre a pessoa e aquela filosofia, pois cultuar a Deus e evoluir espiritualmente, isso pode-se realizar fora de uma igreja.

Com dissemos acima, ninguém é obrigado a ingressar em religião alguma, do mesmo modo que não será impedido de deixá-la por algum motivo. Há pessoas que não se afiliam às religiões, tal qual a Umbanda, pois acreditam que ao se afastarem poderão sofrer perseguições ou cobranças das entidades que junto a elas trabalham. Isto é uma grande ignorância (no bom sentido da palavra), pois entidades de luz não cobram de seus médiuns a permanência eterna na religião ou a ajuda dispensada em sua trajetória evolutiva. Para evitar este tipo de problema, a maioria das casas umbandistas possui um processo de doutrinação e avaliação para que o futuro médium analise se realmente a sua escolha está dentro de suas limitações.

O médium, após ingressar a uma corrente mediúnica, não deverá achar que por ter se tornado um médium umbandista já é conhecedor de todo o processo mediúnico ou de evolução espiritual, pelo contrário, deverá aprofundar-se cada vez mais no conhecimento da espiritualidade e dos rituais da religião, para que, a cada dia de estudo, torne-se cada vez mais apto à realização dos trabalhos voltados à caridade. Isto não é exclusividade dos médiuns, mas também dos dirigentes de uma casa, que com um bom estudo podem se defender e defender os seus de qualquer problema que possa acontecer dentro e fora do terreiro.

Um médium poderá considerar-se no caminho da evolução quando tomar consciência de que a evolução é constante, e para que isso ocorra o estudo, o autocontrole e o autoconhecimento tornam-se eternos e objetivos em sua vida.

A Hierarquia do Terreiro

COM A EVOLUÇÃO DA RELIGIÃO, surgiu a necessidade de se eleger auxiliares dos dirigentes das Casas de Umbanda, pois a quantidade de médiuns e pessoas que buscavam auxílio para seus problemas espirituais tornou-se crescente. Dessa forma, foram criados cargos, digamos assim, de Pai Pequeno ou Mãe Pequena e de Capitães, este primeiro, hierarquicamente vem logo abaixo do dirigente da casa, tendo como funções substituir o (a) dirigente quando este (a) encontrar-se impossibilitado (a) de conduzir uma gira ou sessão, como queiram chamar, além de dar assistência aos médiuns iniciantes e até àqueles que acabam por sofrer influência espiritual em trabalhos de desobsessões. Podemos acrescentar que tanto o Pai Pequeno quanto a Mãe Pequena estão em um estágio para que no futuro tornem-se sacerdotes de Umbanda. Já os Capitães que estão hierarquicamente no terceiro escalão de uma casa de Umbanda, além de também possuírem a função de conduzir uma gira quando os dois anteriores estiverem impossibilitados, possuem a função de organizar os trabalhos e auxiliar também os médiuns e assistência enquanto o dirigente estiver incorporado ou em atendimento. Tanto Capitães quanto Pai Pequeno e Mãe Pequena, além de possuírem a confiança do (da) dirigente e serem os olhos deste (a), possuem um grau de evolução ou de conhecimento das energias trabalhadas um pouco mais elevado que os médiuns de corrente. Isso não lhes torna mais importantes que os demais, apenas possuem mais experiência para o auxílio aos seus irmãos.

Esses cargos são de cunho material ou de cunho espiritual?

Para esta pergunta é necessário dividir a resposta em duas, pois o Pai Pequeno e a Mãe Pequena são escolhidos para esses cargos muitas vezes pelos Guias Espirituais, pois o seu futuro é se tornar um Sacerdote, podemos dizer que já está no DNA do médium. Aí podemos dizer que há um envolvimento espiritual. Já o Capitão, sob o meu ponto de vista, é um cargo de cunho material, pois é ele escolhido por trabalhos prestados ao terreiro e à religião, pelo seu desenvolvimento relacionado a estudo mediúnico, e por ser uma pessoa de confiança do dirigente. Sei que algumas pessoas não irão concordar com minha afirmação, mas é apenas meu ponto de vista e não temos como objetivo criar polêmicas.

A identificação desses médiuns em relação aos demais dá-se por sua colocação em uma gira (o primeiro fica próximo ao Dirigente e os Capitães colocam-se no meio da corrente tendo assim uma visão privilegiada dos médiuns e de tudo que ocorre durante a gira) e pelas guias que são mais grossas do que as normais e de confecção diferenciada.

Outro grupo de médiuns que também possuem grande importância em uma gira de Umbanda e são respeitados em qualquer casa desta religião são os Ogãs. São os médiuns responsáveis pela Curimba de um terreiro (local onde ficam os atabaques). Existe um ditado na Umbanda que diz que Ogãs não possuem casa, por isso são recebidos por todas com todo respeito e carinho. Porém, esta afirmação não é correta, pois quando esse médium é cruzado Ogã ou consagrado Ogã, esse ritual se faz por uma casa, logo ele se torna Ogã daquela casa. Quanto a ser recebido com respeito e carinho, isso ocorre a qualquer um que visite um terreiro, porém para esse torna-se um pouco mais evidenciado, pois leva alegria às casas que visita com seus toques e cantigas.

Outro cargo que não podemos deixar de citar, apesar de não fazer parte da hierarquia do terreiro, embora possua grande importância em uma gira, por mais que muitos não o reconheçam, é o Cambone.

Muitos acham que o Cambone é apenas um médium iniciante que não incorpora, e por isso o colocam sentado ao lado da entidade para servi-la. Isso é um grande engano. Como todos em uma corrente mediúnica, o Cambone também possui um papel importante.

Os Cambones possuem função mais importante que simplesmente ouvir a consulta e anotar o que lhe é solicitado pela entidade, eles fazem parte da tríade energética criada durante uma consulta, composta pela energia da entidade incorporada, a energia do consulente e a sua própria energia. Um Cambone não é um servo da entidade, um garçom que está ali para atender às suas solicitações ou simplesmente buscar o consulente para a consulta. Este médium é responsável por acompanhar o consulente à consulta, de modo que esse não fuja às normas da casa ou tenha por finalidade outra solicitação que não seja condizente com as leis da Umbanda. O cambone também auxilia o consulente quando este não compreende algo dito pela entidade.

Podemos dizer que um médium não é Cambone e sim está Cambone. Dizem os mais antigos na religião que todos os médiuns deveriam passar por este estágio, pois é um trabalho de grande importância e aprendizado.

Lembro-me da minha época de Cambone, foram três anos muito bons, aprendi muito. O mais interessante neste período foi que muitas coisas ditas aos consulentes serviram para minha evolução e para solucionar alguns problemas materiais.

Um Cambone tem de estar sempre atento à consulta, pois a qualquer momento pode ser chamado a participar dessa. Não pode abandonar seu posto antes que todas as consultas com aquela entidade terminem, mesmo que este vá se consultar com outra entidade que não seja a que está camboneando, pois a sua saída ou a troca de Cambone pode interferir nas energias trabalhadas naquele espaço. A função do Cambone é muito importante e não deve ser levada na brincadeira, assim também tudo dentro da Umbanda ou de qualquer religião.

Gostaria de deixar claro que hierarquia é apenas a nomenclatura dada para mais entendimento da organização nas sessões realizadas em uma casa de Umbanda, pois todos os médiuns possuem sua parcela de contribuição durante os trabalhos, inclusive aqueles que não incorporam, pois existem além dos médiuns de incorporação os médiuns de doação de energia e ectoplasma. A Umbanda não se faz com apenas um médium ou uma única entidade, mas sim com todos os elos da corrente, ligados na mesma sintonia energética e de pensamentos em prol da caridade.

Mas, como somos uma casa de caridade, e para que a caridade seja feita tudo deve acontecer dentro de um controle, e, para que nada fuja a este controle, é necessária a colaboração de todos e a colaboração e supervisão da hierarquia do terreiro.

Pontos de Força de um Terreiro

Aproveitando a sequência do assunto acima abordado, considero oportuno falarmos acerca dos pontos de firmeza de um terreiro e qual suas funcionalidades.

Não vou ficar aqui repetindo que em terreiros sérios isso ou aquilo não acontece, pois daqui a pouco se tornará monótono. Então, queria combinar que daqui para frente estaremos falando apenas de terreiros pautados pela seriedade.

Dessa forma, os principais pontos de firmeza de um terreiro são:

- Tronqueira
- Ganga
- Congá
- Firmeza do Terreiro
- Atabaques

O meu objetivo, neste segmento, é tentar explicar cada um dos pontos de firmeza, acima mencionados, da melhor maneira possível, de modo bem simples, para que até mesmo aqueles que não tenham conhecimento da religião consigam compreender.

A Tronqueira é a "casinha" que fica localizada na entrada de todos os terreiros, desculpem-me a nomenclatura, sempre localizada à esquerda de quem entra. Esta casinha também é conhecida como casinha de seu Tranca-Ruas, entidade responsável por proteger a entrada de todos os terreiros. Esta entidade, em conjunto com sua falange, é uma das responsáveis na proteção dos terreiros de Umbanda. Este ponto de firmeza possui elementos que permitem a energização desse local pela entidade responsável. Toda vez que entrarmos em um terreiro de Umbanda devemos saudá-la e pedir licença.

A Ganga é o cômodo do terreiro (quarto), onde ficam os assentamentos da esquerda ou para quem preferir os assentamentos dos Exus e Pombagiras que trabalham naquela casa. Assentamentos são símbolos e elementos pertencentes a cada entidade ali representada. Esse local é restrito aos dirigentes da casa e sua hierarquia. Médiuns de corrente, aqueles que não possuem nenhum cargo dentro do terreiro, só têm acesso a este cômodo do terreiro em ocasiões especiais.

O Congá ou o altar, se alguns preferirem, além das imagens expostas que sincretizam nossos Orixás, também possuem elementos que consagram o local como um ponto de força do terreiro. O Congá é um grande catalisador de energia, ele absorve a energia emanada por médiuns e assistência e transforma esta em energia limpa, sendo utilizada pelos Guias Espirituais durante todos os trabalhos que forem realizados naquele dia.

A Firmeza do Terreiro estará sempre localizada no centro do salão onde os trabalhos mediúnicos são realizados. Nesse local, em muitas casas, está sob o chão e em outras suspensas por cabos; ficam os elementos da feitura do dirigente, assim também os elementos ligados ao Orixá desse e dos Guias Espirituais da casa. Geralmente este local é indicado, quando sob o solo do terreiro, por um símbolo determinado pelo Guia-Chefe da casa. Este local não é lacrado, pois havendo necessidade de se acrescentar algum elemento ou substituí-lo, pode ser acessado. Devemos apenas ter o cuidado para que o local não seja violado e nem entre água durante limpezas da casa.

Os Atabaques. Muitos vão falar que os atabaques não fazem parte da firmeza de um terreiro, mas eu discordo. Pois, trata-se de um ponto energético que auxilia na sustentação das forças de um terreiro, e não podemos deixar de considerá-lo um ponto de firmeza de uma casa. Os atabaques não são simplesmente instrumentos musicais, são grandes manipuladores de energia, mas isso é um assunto que iremos abordar mais adiante. Para muitos, podem não ser considerados ponto de força, mas se prestarmos atenção durante uma gira, quando uma entidade chega ou incorpora em seu médium, este é um dos lugares que esta entidade saúda. E se ela saúda é porque deve ter alguma importância, além da música que sai dali. Se formos falar do valor energético deste local isso será incontestável, pois é comprovado cientificamente que o som emitido por instrumentos, associado ao de se cantar, produz energia que é utilizada principalmente na cura de enfermos. Claro que isso tudo depende do estilo musical que está sendo produzido, pois cada estilo possui sua finalidade.

Se tivéssemos o dom da clarividência e conseguíssemos ver o Mundo Astral com clareza, veríamos que em cada ponto de firmeza um facho de luz é interligado com a firmeza da casa criando um campo de força em torno do terreiro, como se fosse uma cúpula daquelas que protegem obras de arte do contato com o ar e do toque de pessoas despreparadas para o manuseio da obra.

Giras ou Sessões e seus Preceitos

Como já é do conhecimento de todos, a Umbanda é uma religião e não um culto ou apenas um ritual. E por ser considerada como tal possui sua liturgia, seus rituais e seus preceitos.

A gira de Umbanda pode ser comparada, dentro de suas proporções, a uma missa católica. Temos o nosso padre, que é o dirigente, temos os assistentes do padre que são os Pais Pequenos e Capitães e temos o mais importante em toda a religião, a assistência, aquela que assiste a toda a liturgia de uma missa. E se formos mais longe, podemos comparar as entidades sentadas no toco como se estivessem em um confessionário, porém em vez do consulente estar conversando com um padre, estaria conversando com um intermediário mais próximo a Oxalá.

Nossa liturgia consiste em **Giras ou Sessões, Amaci, Batizados, Casamentos, Funerais** e outros rituais. Sim, podemos celebrar casamentos e batizados e termos a bênção divina, pois somos uma religião consagrada pelo Pai.

O Amaci consiste em uma consagração entre o médium, seu Orixá de cabeça e a casa que escolheu para trabalhar mediunicamente. Esse ritual de nossa liturgia ocorre uma vez a cada ano, para a renovação dessa consagração. Nesse ritual, o médium estreita seu laço com seu Orixá e com a casa ou terreiro que escolheu para seu desenvolvimento mediúnico. O Batismo e o Casamento seguem a mesma filosofia das demais religiões.

No Batismo, apresentamos e consagramos o ser à sua religião e ao Criador.

No Casamento, abençoamos a união entre duas pessoas com o poder dado a nós por Deus, para a realização da união de dois filhos no laço do matrimônio. E esta união deve ser respeitada como todas as demais realizadas em qualquer religião.

No Funeral, encaminhamos o espírito desencarnado para as sendas do bem e aos nossos guias para auxiliarem esse em sua caminhada para evolução.

Antes de falarmos das Giras de Umbanda, gostaria de explicar que possuímos três linhas de trabalho, estas linhas não são as mesmas que mencionamos anteriormente e que chamamos de Sete Linhas da Umbanda. Estas são chamadas de Direita, Esquerda e Neutra. Como já foi explicado, a Umbanda trabalha com energias e toda energia possui o polo positivo, o polo negativo e o neutro e é nesses três polos magnéticos, se assim podemos chamar, que todos os trabalhos são realizados, pois buscamos o equilíbrio entre os seres humanos, sejam eles encarnados ou desencarnados.

Na **linha da direita** temos os Caboclos, Pretos-Velhos e os Erês; na **linha da esquerda**, temos os Exus, Pombagiras, Exus Mirins e Pombagiras Mirins e, fechando as linhas energéticas de trabalho, temos a **linha neutra** em que seus trabalhadores são os Boiadeiros, Ciganos, Baianos, Malandros e Marinheiros. Em quase todas as giras ou sessões começamos com a linha da direita e depois alternamos para a linha neutra ou a linha da esquerda, com exceção da gira de Preto-velho que começamos com a linha da direita, passamos para a linha neutra com os Baianos e depois voltamos à linha da direita com os Pretos-Velhos dando consultas. (Esta afirmativa acima não é uma regra, usei como exemplo o terreiro que frequento).

A liturgia das giras repete-se na maioria dos terreiros, ela tem sua abertura, em que ocorrem as saudações aos nossos Orixás e Guias Espirituais, depois passamos para os passes ou vibrações das Sete Linhas da Umbanda e, em seguida, às consultas. Claro que por não ser a Umbanda engessada e possuir flexibilidade, de acordo com a necessidade, pode-se ocorrer algumas mudanças durante os rituais, por exemplo, como antes de chamar os Guias Espirituais para realizarem os passes energéticos nos consulentes, realizar-se uma limpeza no ambiente com outras energias e após se fazer a Vibração das Sete linhas. Podemos também, dependendo dos trabalhos realizados no dia ou as energias trabalhadas no dia, chamarmos entidades para realizar uma limpeza do ambiente e dos médiuns. Quem determina como transcorrerá a gira é o Astral através de seu dirigente. Nunca poderemos dizer que uma gira sempre será igual a outra.

Durante uma gira de Umbanda, podemos notar que alguns médiuns incorporam e outros não. Isso não quer dizer que aqueles que não incorporam não sejam médiuns ou não estejam trabalhando. Uma afirmativa que contraria esta é um grande engano que muitos umbandistas e pessoas fora da Umbanda cometem. Todos somos médiuns, todos nós temos nossa importância em uma gira. Porém, alguns possuem uma mediunidade mais aflorada e outros com outro tipo de mediunidade ou uma mediunidade que ainda deve ser trabalhada. Não é porque não está incorporado que o médium que está na corrente não tenha a sua importância, muito pelo contrário, eu diria até que a importância é a mesma, a partir do momento que ele se mantém concentrado aos trabalhos que estão sendo realizados. A incorporação não é a única forma de mediunidade trabalhada na Umbanda.

Outra parte muito importante de uma gira de Umbanda, e que não podemos deixar de citar, é a assistência, pois além de contribuir com a energia que é trabalhada em uma gira, são pessoas que muitas vezes estão ali em busca de ajuda ou apenas de conforto de um ombro amigo para que consigam continuar sua caminhada. Como todas as religiões, a assistência ou, se preferirem, os fiéis, é a parte mais importante de uma religião, pois sem ela nenhuma congregação religiosa perdura. Contudo, esta também possui um papel importante, pois sempre deverá estar em silêncio e concentrada em sinal de respeito para que não atrapalhe os rituais que estão sendo realizados naquela gira.

Antes de qualquer gira ou qualquer trabalho mediúnico, os médiuns devem se preparar espiritualmente e energeticamente, pois deverão estar com seu corpo espiritual limpo de impurezas que nós confrontamos todos os dias. Faz-se necessário, no período de no mínimo vinte e quatro horas antes de qualquer trabalho mediúnico, alguns cuidados. Como não ingerir carne vermelha, não ter relações sexuais e não ingerir bebidas alcoólicas.

Aí me perguntam:

Por que todos estes cuidados?

É simples. Como trabalhamos com energias e nosso corpo é pura energia, precisamos prepará-lo para os trabalhos que podem ou não necessitar de muita energia. Vejamos. Ao consumirmos carne vermelha, esta possui um processo de digestão longo e para que ocorra esta digestão nosso corpo disponibiliza um volume determinado de energia, com isso ficamos debilitados energeticamente para realização de trabalhos mediúnicos. Alguns religiosos e estudiosos afirmam que na hora do abate bovino, a energia que circula nos abatedouros é muito densa, pois há o sofrimento do animal antes do abate e a circulação de espíritos de baixa vibração à procura da energia liberada pelo sangue animal. Todo este cenário energético fica impregnado na carne e pode ser prejudicial em trabalhos mediúnicos. Isso não quer dizer que temos que evitar o consumo de carne vermelha em nosso dia a dia, pois senão seremos vítimas destes espíritos. Apenas é aconselhável o não consumo a médiuns que irão realizar trabalhos mediúnicos neste período. Não quero aqui iniciar uma campanha contra a carne vermelha, pois também sou apreciador desta iguaria.

Quanto ao sexo, devemos evitar também neste período de preceito, pois no ato sexual há uma troca muito grande de energia, assim também um desgaste muito grande de energia, e como iremos trabalhar com doação de energia, isso pode nos prejudicar, pois teremos gasto nossa reserva energética que poderia ser utilizada nestes trabalhos.

Já o álcool nos deixa entorpecidos, com nosso sistema nervoso fragilizado, e não conseguimos concatenar nossos pensamentos com nossas ações e isso pode nos prejudicar dependendo da quantidade ingerida e do tempo que ingerimos, antes da gira. Todos estes cuidados nos permitem manter nosso campo espiritual e energético limpos de qualquer impureza, porém de nada adianta fazer o preceito certinho, se não controlarmos nossos pensamentos e atitudes neste período. De nada nos ajudará se no período do preceito visitarmos lugares de baixa vibração ou nos metermos em brigas e discussões. Ouvi uma vez uma frase que ilustra bem esse assunto de preceito:

O importante não é o que entra pela boca, mas sim o que sai dela.

Não podemos, tão somente, esquecer que antes de irmos para gira devemos tomar o banho de descarrego, que corretamente preparado e ministrado, nos limpará de energias nocivas e nos recarregará de energias benfazejas. Mais à frente, explicaremos a respeito do banho de descarrego.

Consultas e Oferendas

Havia um reino que sofria há muito tempo com a estiagem, suas terras eram inférteis e nada produziam em seu solo. Cansado daquela miséria que assolava seu povo, o Rei resolveu fazer uma oferenda a Exu para que este o ajudasse a sair daquele estado de miséria e que suas terras voltassem a ser produtivas. Nesta oferenda, que ele serviu a Exu, preparou uma amalá (comida / banquete/ refeição, para o Orixá ou Guia Espiritual) com bastante pimenta. O Exu aceitou a oferenda e se satisfez com tamanho banquete, porém como estava muito apimentado, sentiu muita sede e para saciá-la abriu as torneiras do céu para beber água, e a água que caiu do céu molhou a terra devolvendo-lhe a vida e a sua fertilidade. O reino voltou à sua condição normal, com suas terras produtivas e alimentação em abundância. O Rei, feliz com aquele milagre que ocorrera, resolveu agradecer a Exu pela ajuda, porém dessa vez, colocou menos pimenta em seu amalá, pois temia que se Exu sentisse sede de novo e abrisse as torneiras do céu novamente, inundaria aquelas terras que naquele momento já eram produtivas de novo.

Coloquei esta lenda antes mesmo de começar a falar sobre oferendas, para que possamos compreender que devemos sempre ofertar aos nossos Orixás e Guias Espirituais o suficiente para auxiliar em nosso pedido ou agradecer a uma graça alcançada.

Precisamos sempre fazer uso de bom-senso e respeito nesse ritual. Ao analisarmos essa lenda, podemos entender por que muitas vezes não devemos usar de exageros em oferendas aos Orixás ou a qualquer outra entidade, pois o exagero pode ser prejudicial.

Se os Orixás e os Guias Espirituais são elevados, não precisamos mais comer, beber ou fumar. Por que então entregar comidas, fumo e bebidas a estes espíritos?

Realmente, eles não usarão o que será entregue para consumo, apenas utilizarão da energia desses elementos para realizarem seu trabalho.

Ao realizarmos um ritual de entrega de oferenda ou amalá, essa se duplica no Astral onde as energias emanadas por esses alimentos, bebidas e fumo, associados à energia e ao pensamento liberado pela pessoa que a realizou, serão utilizadas pela entidade que recebeu a oferenda para a realização do pedido em questão. Caso seja uma oferenda de agradecimento, as entidades se utilizarão da energia para repor a consumida na realização do pedido.

A maioria dos dirigentes indica que ao se terminar a entrega solicitada não se deve olhar para trás e nem voltar caso as velas se apaguem, pois ao sair de perto da oferenda, essa já foi recebida e será trabalhada pelo Astral. Lembramos que trabalhos com objetivos escusos e que venham a prejudicar o próximo não fazem parte da Umbanda, e seus mentalizadores e realizadores serão cobrados por seus atos.

A Umbanda tem evoluído bastante nestes últimos anos, com isso tomamos consciência de que não podemos prejudicar a natureza, pois é onde se encontram seus pontos de força, do mesmo jeito não temos a necessidade de expor pessoas de fora da religião a entregas feitas nas ruas. Por isso, hoje a maioria dos terreiros de Umbanda possui um espaço reservado a entregas.

E quando for fazer alguma entrega, mesmo que seja apenas um cigarro ou charuto, dispense um tempo para fazê-la com amor, respeito, tranquilidade e muita fé, sem se preocupar com o que lhe acontece em volta e nem com seus problemas, apenas foque na entrega e no seu pedido.

Trabalhos realizados em praias, matas e cachoeiras também recebem cuidado especial. No caso de praias, é recolhido todo o lixo produzido durante os trabalhos e os amalás entregues são recolhidos após o término do trabalho, pois estes já foram absorvidos pelas entidades. No caso de cachoeiras e matas, os amalás, feitos com frutas, servem de alimento a animais selvagens e não representam nenhum risco à natureza, pois não são utilizados alguidares (pratos de barro), nem garrafas, copos e nenhum outro elemento que possa prejudicar esse ponto de força da natureza.

Prometi que não falaria mais nisso, mas me sinto obrigado a repetir, terreiros sérios e preocupados com a natureza e seus pontos de força não sujam e nem destroem aquela que nos doa subsídios para nossa sobrevivência – a Mãe Natureza.

Queria agora entrar em um assunto que pode até gerar polêmica, mas não é este o objetivo. Precisamos deixar claro algumas coisas que já presenciei em alguns terreiros que visitei e que por puro desconhecimento, principalmente por consulentes e até mesmo médiuns novos e velhos, causam muita confusão e até medo, quando se deveria ter fé, respeito e amor. Estou falando de consultas e do comportamento de consulentes, médiuns e "entidades".

Quando sentamos à frente de um médium incorporado com uma entidade, devemos primeiramente ter respeito, como devemos respeitar a todos independente de classe social, credo, opção sexual ou posição cultural. Aquela entidade não é nosso "brother", nosso camarada, é um espírito que está ali para nos auxiliar e nos mostrar uma forma diferente de encararmos a vida, buscando sempre o equilíbrio e a paz interior. Não somos fregueses daquela entidade, não somos donos daquela entidade. Então, todo o respeito é necessário. São nossos conselheiros, em alguns casos até tutores, e dependendo de nossa afinidade podemos considerá-los amigos, mas não é porque são amigos que devemos fazer brincadeiras, colocar apelido ou até faltar com respeito. Como é comum em nosso mundo material.

Em contrapartida, as entidades, se realmente trabalham sob as leis divinas, as leis da Umbanda, e são espíritos de luz, não estão ali para nos julgar, desmoralizar, ameaçar ou nos diminuir. Claro que muitas vezes em que nos sentamos diante de uma entidade, ouvimos verdades que não queremos ouvir, que doem lá no fundo, mas não para nos deprimir ou nos jogar para baixo, mas simplesmente para que acordemos de um sono prejudicial à nossa harmonia, que despertemos para vida, para sacudirmos a poeira, erguer a cabeça e seguir adiante.

Ao se sentarem à frente de uma entidade que se diz de luz, jamais ela irá ofendê-lo, pois ela depende de sua fé e de sua evolução para poder também evoluir. Se isso acontecer termine de ouvir o que ela tem para dizer respeitosamente, peça licença e saia. Esqueça o que foi dito durante a consulta e procure o dirigente da casa para relatar o acontecido, caso não queira, levante e saia da casa, sem a desconjurar ou a criticar, apenas ore por aquele irmão e para aquela casa para que se reequilibre e volte a trabalhar nas sendas do bem.

Sei que pode parecer forte isso que vos falo, mas não somos obrigados a ser maltratados por entidades ou médiuns que se dizem trabalhadores da luz.

Quando uma entidade lhe pedir que faça algo, pergunte qual a finalidade daquele trabalho ou oferenda, pois se você souber o que está fazendo, compreenderá bem mais e poderá colocar toda sua fé naquele trabalho.

E se não acreditar nessa religião ou nas entidades que trabalham na Umbanda, não perca o seu tempo indo a um terreiro ou sentando diante de uma entidade de luz, pois ela nada poderá fazer para lhe ajudar, se você não acredita. Umbanda não faz milagre, tudo que você pedir dependerá de sua fé e de sua força de vontade – com essas ferramentas é que mais bem trabalha um Guia de Luz.

Saudações e Gestuais

Saudações e gestuais fazem parte da ritualística umbandista, podendo mudar a sua forma de terreiro para terreiro, porém o significado é basicamente o mesmo.

Muitos leigos e médiuns iniciantes ainda não os conhecem ou não os compreendem. Vou tentar aqui tirar um pouco a escuridão dos olhos dessas pessoas em relação a essas saudações e gestuais.

Sempre quando chegamos a um terreiro nos deparamos na sua entrada com uma casinha, que é a casinha de seu Tranca-Ruas – comentamos a esse respeito quando falamos dos pontos de força de um terreiro. Este Guia Espiritual é o responsável pela porteira do terreiro, ele que seleciona quem entra e quem sai do terreiro, tanto encarnado quanto desencarnado, evitando assim que entrem espíritos zombeteiros para atrapalhar os trabalhos de caridade e pessoas que não devam estar ali.

Como uma entidade impedirá um encarnado de entrar em um terreiro?

Por meio de intuição a essa pessoa e criando obstáculos que acabam impedindo que a pessoa permaneça ali.

Se todo terreiro tem esta casinha e este Guia Espiritual para proteger a casa, como vemos terreiros serem roubados ou até queimados?

Não podemos culpar nossos Guias Espirituais por nossas falhas. Eles respeitam nosso livre-arbítrio, se nosso plantio for errado eles não vão consertá-lo, teremos de colher os frutos, por mais que sejam apenas espinhos. Porém, se fortalecêssemos nossos Guias com nossa fé, nossa ética e nosso respeito, com certeza isso não aconteceria.

E ao chegarmos a um terreiro, devemos saudar essa entidade e pedir licença para entrar. Como se estivéssemos chegando para visitar um amigo em um edifício e fôssemos nos identificar para o porteiro e cumprimentá-lo, pois isso é o que manda a boa educação. O mesmo acontece quando chegamos a um terreiro.

Esse cumprimento deve ser feito com os pulsos encostados um no outro e as mãos fechadas, realizando movimentos para baixo e para cima esfregando os pulsos. Este cumprimento deve ser feito não apenas por médiuns, mas todos aqueles que entram em uma casa de Umbanda, ou simplesmente pedindo licença. Todo médium ao entrar na área restrita à corrente mediúnica deve saudar as entidades que fazem parte da tríade da Umbanda, com três toques ao chão em forma de triângulo e depois com três toques na cabeça, sendo o primeiro na testa, o segundo na fronte e o terceiro na nuca. Seguindo a mesma sequência, o primeiro é a força, o segundo a sabedoria e o terceiro a inocência, também representando os três pilares da Umbanda (Caboclo, Preto-Velho e Criança). Essa saudação deve ser feita na entrada desse espaço, na firmeza do terreiro que fica no centro do salão e no Congá, aos pés de Oxalá e da imagem que representa seu Orixá de Cabeça. Nessas saudações você estará saudando a casa, Oxalá e seu Orixá de Cabeça, como se você estivesse cumprimentando a casa, o dono da casa e um padrinho que mora naquela casa. Esse ato deve ser o primeiro a ser realizado antes de cumprimentar o dirigente e os médiuns.

Durante a abertura das giras, observamos os médiuns deitarem-se ao chão quando o dirigente fala em saudar o bate-cabeça, e logo em seguida o dirigente da casa ou os Capitães balançam o adeja (tipo de chocalho utilizado no ritual) sobre as cabeças dos médiuns deitados. Isso significa que os médiuns estão saudando seus Orixás, pedindo licença para os trabalhos e demonstrando humildade ao se deitarem e encostarem a testa no chão.

No decorrer da abertura, também notamos que todos da corrente mediúnica ajoelham-se e saúdam os Orixás e as entidades da Umbanda, alguns batem palmas outros batem três vezes ao chão, essa opção vai de acordo com a interpretação de cada médium, da maneira que acredita que deve fazer esta saudação.

A Gira continua, e quando vamos saudar o chefe da porteira do terreiro nós viramos para o local onde se encontra a casinha de Seu Tranca-Ruas, que geralmente está em direção à rua, logo em seguida saudamos os Exus-Chefes da casa, neste momento viramos para onde está localizada a Canga, outro ponto de força do terreiro onde ficam os assentamentos dos Exus, conforme expliquei anteriormente. A partir daí, começa efetivamente a gira.

A Umbanda possui outros gestuais que também fazem parte do ritual, porém não entraremos em detalhes, pois a descrição de tais gestuais poderia causar confusão aos leitores, pois explicá-los por meio da escrita seria difícil.

Os Orixás

ALGUMAS PESSOAS ACABAM CONFUNDINDO a Umbanda com o Candomblé, porque acreditam que as duas religiões cultuam os Orixás da mesma forma, porém isso é um ledo engano, e a forma de culto a esses espíritos de grande grau evolutivo dá-se de forma completamente diferente. Vamos nos ater apenas à forma em que a Umbanda cultua os Orixás, pois o objetivo deste livro é esclarecer e não criar polêmica.

Primeiramente, precisamos esclarecer o que são os Orixás. Muitas são as informações que nos chegam através de livros, mas a que podemos utilizar para evitar confusão é de que são qualidades divinas ou energias divinas. Os Orixás não possuem encarnação, pois estão em um grau evolutivo muito superior, e como são energia divina não precisam passar pelo processo encarnatório. Isso pode gerar um pouco de polêmica entre aqueles que são umbandistas, mas possuem uma grande influência Kardecista, fazendo o seguinte questionamento:

Se Deus é tão justo em sua infinita bondade, por que privar do processo encarnatório estas energias ou espíritos, como queiram chamar?

Vamos analisar da seguinte forma. Digamos que são apenas energias divinas que nos irradiam em nossa criação. Esta energia não precisa encarnar, pois é apenas energia. Se analisarmos que são espíritos com grande grau evolutivo e associarmos a uma classe de anjos, podemos dizer que sua missão é diferente da nossa e seu processo evolutivo passa por outros estágios e por isso não encarnarão. Essas duas afirmações acima podem levar a outro questionamento.

Como eles não encarnaram se existem lendas desses Orixás que falam deles tais quais seres humanizados?

Bem, sabemos que toda história, mito ou lenda possui um fundo de verdade, porém não podemos nos esquecer da licença poética, no momento de sua narrativa, para que facilite seu entendimento. Precisamos interpretar as lendas a fim de compreendermos sua verdadeira mensagem.

Existe uma lenda a respeito de Oxalá que acho bem interessante mencioná-la:

Oxalá era marido de Nanã, Senhora do Portal da vida e da morte. Senhora da fronteira de uma dimensão (a nossa) para outras.

Por determinação da própria Nanã, somente os seres femininos tinham o acesso ao Portal, não permitindo a aproximação de seres do sexo masculino, sob hipótese alguma. Esta determinação servia para todos, inclusive para o próprio Oxalá.

E assim foi durante muito tempo. Porém, Oxalá não se conformava em não poder conhecer o Portal, não só por ser marido de Nanã, como por sua própria importância no panteão dos Orixás.

Assim, pensou, até que encontrou a melhor forma de burlar as determinações de sua esposa. Não fugindo de sua cor branca, vestiu-se de mulher, colocou o Adê (coroa) com as franjas no rosto, próprio das Iabás (mulheres) e aproximou-se do Portal, satisfazendo, enfim, sua curiosidade.

Porém, foi pego por Nanã, exatamente no momento em que via o outro lado da dimensão. Nanã aproximou-se de Oxalá e determinou que a partir daquele momento, ele, seu marido,

*teria a incumbência de ser o princípio do fim, aquele que toca-
ria o cajado três vezes ao solo para determinar o fim de um ser
(matéria), porém jamais conseguiria retirar suas vestes femininas e daquele momento para frente teria todas as oferendas
femininas. E Oxalá, conhecido por Oxalufan, passou a comer
não mais como os demais santos Aborós (homens), mas sim
como cabras e galinhas como as Iabás (mulheres). E jamais se
desfez das vestes de mulher. Em compensação, transformou-se
no Senhor do princípio da morte e conheceu todo o seu segredo.*

*Oxalá, portanto, é o fim. Não o fim trágico, mas pacífico, de tudo
que existe no mundo e por isso merece todo o carinho que lhe
damos. Por isso, é o nosso salvador, nosso conselheiro, aquele
que vem nos momentos de angústia para trazer algo que esse
mundo precisa demasiadamente: Paz.*

Analisando essa lenda de Oxalá, podemos ver alguns pontos
interessantes – o plantio é livre, mas a colheita é obrigatória para
qualquer semeador, independente de sua posição social ou poder.
Mesmo Oxalá, sendo um dos mais importantes do panteão dos
Orixás, foi penalizado por sua atitude. Poderíamos ficar horas
discutindo acerca dessa lenda e encontrar outros ensinamentos,
contudo eu a utilizei somente para ilustrar o assunto em questão.

Quando nosso espírito é criado, ele passa por vários estágios
dessa criação e tais estágios são pertencentes aos Tronos Divinos
e possuem suas características ligadas aos fatores que auxiliam na
criação humana, dando a seus filhos características específicas,
como religiosidade, justiça, criatividade e outras mais. E esses tronos são regidos pelos Orixás. Cada novo espírito criado é escolhido,
se assim podemos dizer, por um determinado Orixá, em que sua
energização ou fatoração será mais presente que as outras. Esse Orixá será o responsável por toda nossa existência, é o que chamamos
de Orixá de cabeça. Recebemos também as emanações energéticas

de todos os demais Orixás, como explicado anteriormente, com isso podemos dizer que todo ser possui emanação de todos os Orixás. Porém, as características do nosso Orixá de Cabeça serão mais eminentes que os outros. Contudo, como possuímos energização ou fatoração de todos os Orixás, em determinadas encarnações ou períodos de uma mesma encarnação, o Orixá que estará de frente pode alternar. **Como assim?** Digamos que o Orixá de cabeça de certa pessoa é Oxalá, porém em um período de sua encarnação essa pessoa precisa da influência ou da energização de Xangô para aguçar seu senso de justiça, então, simbolicamente Oxalá afasta-se, porém não abandona seu filho, e deixa que Xangô assuma a frente daquele filho. Isso pode ou não ocorrer e também pode ocorrer mais de uma vez em uma única encarnação. Por isso, que vemos em alguns terreiros um filho de Iemanjá virar filho de Ogum. Isso não quer dizer que aquele ou aquele outro dirigente viu o Orixá daquela pessoa errado, mas naquele momento, naquele período da sua vida, ele necessitava daquela energia para se reequilibrar.

O assunto Orixá é muito complexo, pois envolve muitos mistérios ainda não desvendados por nós encarnados, mas acredito ter sido bem simples em minha explicação para que todos possam compreender, por mais que seja pouco, acerca da função de nossos Orixás.

A Umbanda cultua apenas sete Orixás desse panteão, que são considerados as sete linhas vibracionais desta religião. Mais uma vez, gostaria de dizer que estas linhas vibracionais podem mudar sua nomenclatura de acordo com a forma de interpretação de cada dirigente, mas posso garantir que o fim é o mesmo. Cultuar os nossos protetores e a Deus acima de tudo.

Os Orixás na Umbanda são associados às energias da natureza. Como foi citado anteriormente, esta é uma religião naturalista, e não poderia ser diferente. Os principais Orixás cultuados na Umbanda são os seguintes: **Oxalá, Xangô, Ogum, Oxóssi, Oxum, Iemanjá e Iansã**, mas ainda temos mais dois que apesar de não estarem associados diretamente às linhas da Umbanda, são muito respeitados e cultuados de forma diferenciada, que são **Omolu / Obaluaê e Nanã**.

Na Umbanda não se incorpora os Orixás, mas sim Guias Espirituais que trabalham nas linhas energéticas ligadas a esses. Não vemos nessas linhas a incorporação de Caboclos, mas apenas a vibração desses Orixás. Porém, isso é só a forma de cultuar que cada terreiro tem, pois todos possuem seus Caboclos e trabalhadores de suas linhas. Se prestarmos atenção em uma gira, onde são chamados Iemanjá, Oxum, Iansã, Nanã ou Obaluaê/Omolu, veremos incorporações de Caboclos, são aqueles que se diferenciam das tradicionais incorporações de energias e vibrações dos Orixás, além destes Caboclos também trabalharem em outras linhas quando necessário. Para os que não conhecem fica mais difícil sua identificação. Por exemplo, o Caboclo Pedra Roxa é um Caboclo de Nanã, mas muitos podem confundi-lo como um Caboclo de Xangô ou até mesmo de Oxóssi.

Abaixo ilustraremos, a título de curiosidade, algumas informações referentes aos Orixás em uma pequena tabela.

Orixá	Sincretismo	Cor	Campo de Força
Oxalá	Jesus Cristo	Branco	Ar
Xangô	São Gerônimo	Marrom	Montanhas
Ogum	São Jorge	Vermelho	Estradas
Oxóssi	São Sebastião	Verde	Matas
Oxum	N. Sª. da Conceição	Amarelo	Lagos, Rios, Cachoeiras

Iemanjá	N. Sª. dos Navegantes	Azul-claro	Mares e Oceanos
Iansã	Santa Bárbara	Laranja	Ventos, Raios e Tempestades
Omulu	São Lázaro	Preto	Cemitérios
Nanã	Santana	Roxo	Mangues, Lamaçais, Lodaçais

Queria deixar bem claro que existem trabalhadores em todas as linhas da Umbanda. Não só existe Caboclo de Oxóssi, de Xangô ou Ogum.

Como posso saber qual meu Orixá de Cabeça?

Existem algumas formas utilizadas pela Umbanda para se identificar o Orixá que rege uma pessoa, como do jogo de OBI, na água (ritual em que o Guia Espiritual observa o Orixá de uma pessoa através da água) e ainda existem as vertentes que se utilizam dos búzios, apesar dessa prática ser mais comum no Candomblé.

Guias Espirituais

ACREDITO SER ESTE O ASSUNTO que mais atrai a curiosidade dos consulentes ou simpatizantes em relação a esta religião, pelo mistério que envolve a incorporação e o contato com espíritos desencarnados que seguiram o caminho da luz. Os espíritos que trabalham na Umbanda já possuem um grau evolutivo mais avançado que o nosso e trabalham segundo as leis divinas e sob supervisão de Oxalá.

Por se tratar de espíritos evoluídos nem sempre foram escravos, ou índios ou outros seres humanos, considerados nos dias de hoje menos evoluídos segundo a interpretação humana. Mas, se utilizam desta roupagem fluídica para facilitar a compreensão por parte dos consulentes, e até mesmo os médiuns, mostrando sobretudo sua humildade e seu amor ao próximo, pois nós, na condição de seres encarnados, precisamos de muletas para fortalecer nossa fé. O preto-velho, por exemplo, não necessariamente foi um negro escravo, pode ter sido um médico que, para cumprir seu processo evolutivo e mostrar sua humildade vem com esta roupagem fluídica para ensinar aos encarnados que posição social não é sinônimo de evolução espiritual ou crescimento interior. Passaremos, a seguir, algumas informações básicas para mais entendimento acerca desses grupos de Guias Espirituais que trabalham na religião Umbanda e suas linhas de trabalhos.

Todas as entidades que trabalham na Umbanda possuem habilidades para nos ajudar a solucionar vários problemas de cunho espiritual que acabam refletindo no lado material, pois o equilíbrio nos permite uma caminhada mais firme e tranquila, porém algumas entidades possuem mais conhecimentos em determinados segmentos da espiritualidade que outras. Podemos usar como exemplo mais palpável e que nos mostra bem o que acontece no Astral a de um médico que ao se formar torna-se um clínico geral, porém após este processo de formação escolhe a especialidade em que vai trabalhar, mas independente disso continua a ter um conhecimento geral referente à medicina. Isto também acontece com as entidades que trabalham na Umbanda, do mesmo modo no mundo físico onde existem aquelas entidades que se especializam em um determinado trabalho, mas continuam tendo capacidade para nos auxiliar em todas as áreas voltadas ao nosso equilíbrio.

Muitos falam que as entidades que trabalham na Umbanda vêm para evoluir e ensinar ao médium, mas na realidade é uma parceria, os médiuns aprendem e evoluem com as entidades, do mesmo modo que as entidades evoluem e aprendem com os médiuns. Uma entidade que trabalha segundo as leis divinas não cobra por sua ajuda e nem pelo desenvolvimento do médium; e como disse eu anteriormente, é uma parceria e para isso se concretizar deve haver uma troca, caso contrário, não é Umbanda. Não existe uma cobrança posterior a um médium por ele incorporar e dar ou não consulta.

Durante uma gira de Umbanda notamos que alguns médiuns, durante o processo de incorporação, emitem alguns sons ou brados e possuem gestuais que se associarão ao tipo de entidade que estará incorporando. Este brado, ou gargalhada, ou qualquer tipo de som liberado pela entidade durante a incorporação, assim também seu gestual, representam a identificação da entidade que está chegando para os trabalhos. Um brado de guerra é um som que emana energia e reveste o médium com um campo energético para as realizações dos trabalhos do dia.

Faremos aqui apenas uma pequena explanação de cada classe de entidades, visando à compreensão das pessoas de fora da religião e até de médiuns iniciantes.

Preto-Velho

Entidades de grande sabedoria e evolução espiritual, com seu jeito humilde, sua fala mansa e semblante cativante, possuem o carinho da maioria dos consulentes em uma gira. Com seus benzimentos e conselhos, ajudam no equilíbrio espiritual de encarnados e desencarnados. Apesar de serem conhecidos como Pretos-Velhos, nem todos tiveram sua última encarnação na condição de escravos, porém se utilizam desta roupagem fluídica para mostrar a todos que no nível de evolução espiritual em que se encontram não há espaço para a soberba, grande mal de muitos dos encarnados. Existe um grande engano por parte de muitas pessoas em relação a giras específicas dessas entidades, por não serem ainda tão bem compreendidas de acordo com o auxílio e o grau evolutivo que trazem com elas. Notamos que na maioria dos terreiros suas giras são as mais vazias, quando deveria ser o contrário, pois possuem muito conhecimento a passar, buscando o equilíbrio de seus filhos e o fortalecimento para suportar os desafios de nosso dia a dia. Auxiliam-nos tanto no campo espiritual quanto no campo material, pois nos fazem meditar acerca de nossos atos e pensamentos, mostram-nos o nosso eu, o nosso mundo interior, fortalecendo-nos e auxiliando em nossa missão na carne.

Caboclos

Entidades que fazem parte da tríade da Umbanda, assim também os Pretos-Velhos e os Erês, representam a força e a determinação desta religião. Grandes guerreiros e conhecedores de ervas são também grandes curadores.

Entidades que vêm aos terreiros de Umbanda para trabalhar em prol da caridade e do auxílio aos encarnados e desencarnados; com seus brados e trejeitos de guerreiros é fácil identificá-los quando incorporam em seus médiuns. Hoje, não existe Umbanda sem a força e a sapiência dos grandes Caboclos de Umbanda – seus gritos de guerra, suas vestimentas, sua língua ainda viva em nossa civilização. Do mesmo jeito que os Pretos-Velhos, os Caboclos trazem muita sabedoria aos encarnados de como bem mais compreender a vida e seus obstáculos, transformando estes em aprendizados que serão levados por toda eternidade.

Erês

Entidades que tiveram sua desencarnação ainda jovens, trazem a inocência e a alegria em seus trabalhos. Espíritos de grande evolução, apesar de se mostrarem em roupagem fluídica de criança, são detentoras de grande força espiritual e energética. Pouco levados a sério pelos consulentes, pois acreditam que essas entidades vêm aos terreiros de Umbanda apenas para comer doces e fazer brincadeiras com os médiuns e consulentes, que não imaginam como são capazes de ajudar na evolução das pessoas, proteção e quebra de trabalhos realizados para prejudicar os encarnados.

Marinheiros

Entidades da linha das águas que tiveram parte de sua experiência de vida, enquanto encarnadas, nos mares. Trabalham na vibração de Iemanjá. Os Marinheiros, muito utilizados para limpezas energéticas, apresentam-se mareados, como se estivessem em uma pequena embarcação tentando manter-se em pé, apesar de muitos acharem que essas entidades apresentam-se embriagadas. Contudo, demonstram estar apenas seguindo o balanço do mar, onde fazem fluir suas energias em formato de ondas, para realizarem as limpezas necessárias do ambiente e das pessoas ali presentes.

Baianos

Pertencentes à chamada linha das almas, são entidades ligadas aos Pretos-Velhos. A linha dos Baianos está sempre disposta a ajudar os filhos de fé com seus conselhos e proteção. Os Baianos trabalham na orientação material ou espiritual, desmancham trabalhos de magia negra, ajudando-nos no desenvolvimento mediúnico, nos assuntos e desavenças matrimoniais, nos assuntos profissionais, etc.

Boiadeiros

Os Boiadeiros, de um modo geral, utilizam chapéus de vaqueiros, laços de corda e chicotes de couro, são ágeis e costumam chegar aos terreiros com sua mão direita levantada, girando, como se estivesse laçando, esbravejando a inconfundível toada "êeeee boi" como se ainda estivessem tocando seu rebanho.

Essas entidades trabalham da mesma forma que os Caboclos na Umbanda. Os Boiadeiros são entidades que representam a natureza desbravadora, romântica, simples e persistente do homem do sertão, "o caboclo sertanejo". Da mesma maneira que os Pretos-Velhos representam a humildade, os Boiadeiros representam a força de vontade, a liberdade e a determinação que existe no homem do campo e a sua necessidade de conviver com a natureza e os animais, sempre de maneira simples, mas com força e fé muito grande.

Ciganos

Durante muito tempo os Ciganos que trabalham na Umbanda foram confundidos como trabalhadores da linha da esquerda, pois era nessa vibração que trabalhavam, por não possuírem uma linha própria dentro dos fundamentos da Umbanda.

Trabalham no aconselhamento espiritual voltados para o equilíbrio emocional, saúde física, profissional, mental e espiritual.

Trabalham com as energias do Oriente, com cristais, incensos, pedras energéticas, com cromoterapia, com os quatro sagrados elementos da natureza e utilizam-se exclusivamente de magia branca natural, tais quais banhos e chás elaborados com ervas.

Malandro

Uma linha que vem crescendo dentro da Umbanda, apesar de ainda não ter sido adotada por todos os terreiros, de modo a se tornar uma linha específica. Na maioria das vezes, essas entidades vêm em linha de Baianos, Pretos-Velhos e até Exus. Os malandros têm como principal característica de identificação a malandragem, o amor pela noite, pela música, pelo jogo, pela boêmia e uma atração pelas mulheres. São cordiais, alegres, gostam muito de dançar e não dispensam seu chapéu estilo Panamá.

Eles podem se envolver com qualquer tipo de assunto e têm capacidade espiritual bastante elevada para resolvê-los. São grandes curadores, habilidosos em desamarrar e desmanchar trabalhos e proteger e abrir caminhos. Têm sempre grandes amigos entre os que os vão visitar em suas sessões ou festas.

Exu e Pombagiras

São as entidades mais intrigantes e discriminadas por outras religiões, porém são as entidades mais procuradas em um terreiro de Umbanda. Primeiramente, gostaria de deixar claro que estes guias maravilhosos não são como dizem por aí, demônios, mas sim intermediários entre nós, simples mortais, e nossos Orixás.

A associação destas entidades com os demônios católicos deu-se por comerciantes inescrupulosos, ou simplesmente ignorantes, que criaram imagens de Exu, em forma de diabo, com aparências aterrorizantes, construídas pelo imaginário de muitos médiuns e pessoas leigas, com estereótipo de Demônios.

Exu é guardião dos caminhos, soldados dos Pretos-Velhos e Caboclos, lutam contra o mau sempre de frente e sem medo, não mandam recado, fazem.

Se associarmos a figura de Exu com o mundo material, podem ser comparados à polícia do Astral. Fazem com que as leis da vida sejam cumpridas.

Entidades que estão mais próximas de nós, seres encarnados, por isso a grande atração e procura por parte dos consulentes nos terreiros de Umbanda.

Exu Mirim

Um grupo de entidade da Umbanda, ainda incompreendido por muitos. Alguns dizem que sua última encarnação na Terra foi na condição de crianças de rua, viciadas e marginalizadas, porém algumas vertentes os consideram espíritos encantados, que não tiveram encarnação e foram encantados pela magia. São espíritos que apesar de muitas vezes se apresentarem tais quais crianças delinquentes, possuem grande conhecimento e habilidade em manipular energias. Além de responsáveis em limpar o ambiente, cuidam também da conduta dos encarnados. A título de exemplificação, nós podemos citar que na Umbanda, quando um médium faz mal uso de sua mediunidade ou de sua espiritualidade, essas entidades entram em ação, freando a evolução do mesmo e, às vezes, até regredindo a evolução do médium, mostrando que o caminho tomado está errado, e se continuar será responsabilizado pela escolha feita. Já li estudos sobre este mistério, que em alguns casos encaminham o médium para outras religiões que reprimem o livre-arbítrio de seus fiéis. O mistério Exu Mirim é muito complexo e pouco desvendado, não me aprofundarei para evitar confusões.

Pontos Riscados e os Elementos

Os Pontos Riscados não são apenas desenhos gráficos riscados em um pedaço de madeira ou no chão, com pembas de cores diversas (Pemba é uma espécie de giz feito de calcário), que as entidades fazem ao incorporarem em seus médiuns. Não estão ali apenas para chamar a atenção de curiosos e leigos, mas para mostrarem a esses que ali há uma entidade trabalhando.

Trazem em seu fundamento toda uma simbologia mágica que além de identificar a entidade ali presente, mostra-nos sua linha de trabalho e seu grau de evolução. São escritas mágicas que abrem portais entre o mundo material e o espiritual, que servem para emanar e absorver energias durante os trabalhos realizados.

Se prestarmos atenção ao que acontece nas consultas e trabalhos de meio, poderemos notar que algumas entidades realizam movimentos com as mãos, passando estas pelo campo energético do consulente; algumas vezes dão baforadas com a fumaça puxada do charuto, em outras entregam um elemento qualquer para que este segure por um determinado tempo, e depois este elemento é colocado no ponto riscado e, em casos específicos, colocam algum de seus adereços no consulente enquanto a consulta ou o trabalho de meio está sendo realizado. Desculpem-me chamar os elementos das vestimentas desses Guias de adereços, mas foi a forma que encontrei de mais bem explicar, pois é mais fácil para o leitor visualizar a minha explicação. Quando falo em adereço, refiro-me a um chapéu ou laço de um Boiadeiro, um colar ou pulseira de uma Cigana ou Pombagira e outros mais.

De volta ao assunto que conversávamos, esses movimentos ou essa ritualística acima citados, servem para limpar o campo energético do consulente. Porém, toda essa energia que está sendo trabalhada, que está sendo retirada, tem de ir para algum lugar, não pode simplesmente ficar solta no ar e acabar por se aglutinar na energia de um médium ou de outro consulente. Então, a energia retirada é direcionada ao ponto riscado e transmutada essa parte nociva para a terra através do ponto riscado, e sua parte boa será armazenada para utilização nesse ou em outro trabalho. Isso não quer dizer que o consulente ficará desenergizado. Lembram que comentei que a entidade coloca no consulente um de seus adereços? Então, nesse momento há emanação de energia boa a ele, que irá reequilibrá-lo. Mas, sabemos que alguns devem estar se perguntando: E se ele não colocar nenhum adereço no consulente, esse ficará desenergizado? Não. Provavelmente, outros meios de energização serão utilizados.

Outra dúvida que possa surgir por meio dessas informações é a seguinte:

Este processo não pode acabar impregnando a terra de energias nocivas?

Isso não ocorre, pois a terra é um dos pontos de força da natureza responsável em transformar energia nociva em energia boa. Um exemplo bom que podemos usar para ilustrar esta resposta é a de pisarmos descalços na terra para trocarmos energias. Lembrem-se que quando estamos "dando choques" ao tocarmos em algum metal, alguma pessoa mais velha sugere que fiquemos um pouco em contato com a terra com os pés descalços. Por meio dessa iniciativa, descarregamos a energia em excesso e absorvemos energia que nos falta para nos reequilibrar energeticamente. O processo é o mesmo.

Outra coisa que podemos notar se estivermos atentos às giras é quando a entidade que comanda aquela sessão incorpora no dirigente da casa, e esta risca seu ponto para firmar a casa e os trabalhos do dia. É como se ela, ao riscar seu ponto, chamasse toda a sua equipe de trabalho para a proteção da casa, além daquelas que a casa já possui, e para a realização dos trabalhos espirituais que ocorrerão no dia.

Podemos associar o ponto riscado a mandalas que trazem em si toda magia e mistério. Lembrando que quando falamos em magia, fazemos referência à magia branca, magia do bem e não magias que possam fazer o mal a alguém, a magia negra. A magia está à nossa volta, precisamos apenas aprender a manipulá-la para o bem e em prol da caridade àqueles necessitados.

Se fôssemos nos aprofundar na complexidade dos pontos riscados, teríamos de dedicar praticamente um livro para desvendar sua escrita e seus mistérios e mesmo assim não finalizaríamos o assunto. Porém, não é este o nosso objetivo. Nossa intenção aqui é mostrar a Umbanda como uma religião que além de buscar o equilíbrio do ser humano, com uma visão mais simplista, ela quebra alguns paradigmas de que seus mistérios sejam velados apenas a dirigentes e médiuns experientes que possuem este conhecimento. Precisamos conhecer pelo menos o básico dos fundamentos da Umbanda para bem mais compreendê-la, e aí sim tirar nossas conclusões. Já que falamos em pontos riscados e citamos alguns elementos, vamos aproveitar este tópico para falar um pouco mais sobre os elementos utilizados na Umbanda e até em outras religiões.

Podemos chamar de elementos todo aquele objeto que é utilizado para a realização de trabalhos espirituais, desde uma vela até uma espada empunhada por um Caboclo de Ogum.

Sabemos que nós, seres humanos encarnados, precisamos de elementos para nos ajudar a focar nossos pensamentos e até a nossa fé. Quando acendemos uma vela para o anjo da guarda ou para iluminar nossos pedidos, além da energia do fogo da chama da vela, focamos em nosso propósito. Poderíamos fazer os nossos pedidos apenas mentalmente? Sim, mas precisaríamos nos concentrar mais do que o normal para que nada tirasse a nossa atenção.

Os elementos utilizados em um ponto riscado ou em uma gira de Umbanda servem de catalisadores energéticos e muletas para os consulentes fortalecerem sua fé.

As ponteiras (espécie de punhal sem lâminas afiadas) colocadas em um ponto riscado servem para firmar aquela simbologia e de captadores energéticos, pois atraem para si as energias nocivas que estão circulando no terreiro, trazidas por consulentes e até mesmo médiuns da corrente.

Aí você deve estar se perguntando:

Então, não são necessários estes elementos?

Sim, são necessários. Imaginem cavar um buraco na terra.

Poderíamos cavar com as mãos?

Sim, mas levaríamos menos tempo se tivéssemos uma ferramenta, uma pá. Isso é o que acontece com os elementos que utilizamos ou que são utilizados pelas entidades. Poderiam trabalhar sem os elementos, mas demandariam mais tempo e mais energia para auxiliar seus filhos. Então, podemos concluir que apesar de alguns considerarem muletas os elementos utilizados na Umbanda, eles têm sua finalidade e sua importância, pois nós encarnados ainda não estamos preparados para utilizar nosso mental como deveríamos.

Curimba e Pontos Cantados

O TERMO "CURIMBA" define o grupo de pessoas que louva na Umbanda por meio de canto e percussão de atabaque.

Quando a Umbanda surgiu não se usava em seus terreiros os atabaques; as giras eram acompanhadas por cantos e palmas, para se evitar a repressão policial e aqueles que não aceitavam esta religião. Com o seu crescimento e sua evolução esses instrumentos foram implantados em suas giras, tornando-as mais alegres e firmes (energeticamente falando).

Podemos verificar nos dias de hoje que grande parte dos terreiros de Umbanda possui um espaço reservado aos atabaques. Este espaço que possui, na maioria das vezes, um piso mais elevado que o chão, não é um palco e nem são artistas ou percursionistas que estão ali. São médiuns sérios e que sabem da importância de seu desempenho para que a gira transcorra bem. São os Ogãs, os responsáveis por aquele espaço que faz parte dos pontos de forças de um terreiro. Existe ali todo um fundamento e uma hierarquia que é parte importante do ritual de Umbanda. São eles os responsáveis por auxiliar na manutenção da energia do terreiro durante uma gira, não a deixando baixar. São três os tipos de atabaques em uma Curimba: o Rum, o Rumpi e o Lê.

- **O Rum** é o atabaque maior, responsável por dobrar ou repicar o toque para que este não fique repetitivo.

- **Rumpi** é o segundo maior atabaque e tem por função responder ao ataque do Rum.
- **Lé** é o terceiro atabaque que tem por função acompanhar o Rumpi.

Estes instrumentos, os atabaques, não podem ser tocados por qualquer um e a qualquer hora. Como disse anteriormente, são elementos de um ponto de força e se deve zelar por eles com respeito.

A Curimba tem como função louvar os Orixás e os Guias Espirituais, assim também defender a gira, com uma série de pontos cantados, corretamente selecionados para cada tipo de trabalho; purificar, energizar e por último e não menos importante, auxiliar na incorporação dos médiuns. Este auxílio dá-se da seguinte forma. As ondas sonoras afetam a rotação de nossos chakras, tais quais o coronário, o frontal e o básico, com o fim de mexer com a energia espiritual do médium, a fim de melhorá-la. Em minhas pesquisas encontrei uma lenda ou mito que ilustra bem o que falamos acima.

Exu e o Atabaque

Exú sempre foi o mais alegre e comunicativo de todos os orixás. Olorun, quando o criou, deu-lhe, entre outras funções, a de comunicador e elemento de ligação entre tudo o que existe.

Por isso, nas festas que se realizavam no orun (céu), ele tocava tambores e cantava, para trazer alegria e animação a todos.

Sempre foi assim, até que um dia os orixás acharam que o som dos tambores e dos cânticos estava muito alto, e que não ficava bem tanta agitação.

Então, eles pediram a Exú que parasse com aquela atividade barulhenta, para que a paz voltasse a reinar.

78 | Umbanda, uma religião sem fronteiras

Assim foi feito, e Exú nunca mais tocou seus tambores, respeitando a vontade de todos.

Um belo dia, numa dessas festas, os orixás começaram a sentir falta da alegria que a música trazia. As cerimônias ficavam muito mais bonitas ao som dos tambores.

Novamente, eles se reuniram e resolveram pedir a Exú que voltasse a animar as festas, pois elas estavam muito sem vida.

Exú negou-se a fazê-lo, pois havia ficado muito ofendido quando sua animação fora censurada, mas prometeu que daria essa função para a primeira pessoa que encontrasse.

Logo apareceu um homem, de nome OGAN.

Exú confiou-lhe a missão de tocar tambores e entoar cânticos para animar todas as festividades dos orixás.

E, daquele dia em diante, os homens que exercessem esse cargo seriam respeitados como verdadeiros pais e denominados OGANS.

(autor desconhecido)

Os pontos cantados em conjunto com o toque dos atabaques conseguem atingir vibrações que complementam esse auxílio dos atabaques às giras e aos médiuns de incorporação.

Podemos dizer que essas músicas, do jeito que os leigos podem compreendê-las, são como mantras. E cada ponto possui sua finalidade e fundamento. E são os Ogãs os responsáveis em cantá-los de acordo com os trabalhos que estão acontecendo ou Guias Espirituais que serão chamados para este trabalho.

Se nos atentarmos às letras dos pontos cantados, poderemos identificar qual entidade está chegando, a sua linha de trabalho e um pouco de seu trabalho. Por isso, os pontos cantados não são apenas músicas para tornar a gira mais alegre, uma vez que possuem sua finalidade e sua importância em uma gira.

A Indumentária, Assessórios e Guias

AO ENTRARMOS EM UM TERREIRO de Umbanda, nós nos deparamos com pessoas vestidas de branco e basicamente todos com roupas similares, mas isso não é ao acaso, mas sim uma forma de mostrar a igualdade entre as pessoas independente da posição social ou grau de instrução. O branco também tem um propósito, traz o sentimento de paz. É a união de todas as cores. O branco, além de criar uma luminosidade no Astral, como foi dito acima, transmite paz; do mesmo modo os médicos em um hospital utilizam o branco, pois precisam transmitir paz e tranquilidade aos pacientes. Isso é comprovado pela cromoterapia. Agora imaginem entrar em um hospital, onde cada médico usasse a cor que bem lhe agradasse, alguns de preto, outros de vermelho, outros de laranja, outros de verde e rosa. Imaginem como as energias naquele local seriam conturbadas; os pacientes ficariam mais agitados e suas recuperações seriam mais lentas. Em um terreiro de Umbanda é a mesma coisa, as pessoas que vão lá estão enfermas, nem sempre de dores físicas, mas de dores na alma, no coração, e se esses lugares não transmitissem um pouco de paz e alegria deixariam tais pacientes espirituais mais agitados, emanando energias densas e descontroladas e atrapalhariam todos os trabalhos ali realizados.

Em algumas giras vemos que alguns médiuns vestem roupas coloridas, isso não é prejudicial?

Tudo em exagero é prejudicial, porém se tivermos a maioria dos médiuns de branco, esses médiuns com vestimentas diferentes não afetarão a energia. Mas, preste atenção quando for a uma gira onde há muita informação em relação a cores de roupas, com essas o ambiente fica muito mais agitado, e ao sair do terreiro ainda estará sob os efeitos daquela agitação energética causada pelo colorido das roupas associado à energia trabalhada. As roupas brancas, em sua maioria, são mais largas que as habituais utilizadas no dia a dia, para que não se marque a silueta do médium e acabe por tirar a atenção nos trabalhos realizados.

O médium realmente envolvido com sua religião traz sua vestimenta sempre limpa e com boa aparência, mostrando assim o respeito pela religião e pelos consulentes que vêm às casas de Umbanda. Quando fiéis vão à missa, ou o padre vai celebrar uma missa, todos se apresentam com roupas adequadas e bem ajeitadas, e isso não poderia ser diferente na Umbanda. O respeito e o asseio são para todas as religiões.

Além da roupa branca, outro acessório, se assim podemos chamar, que hoje já faz parte da vestimenta do médium, consiste nas faixas de cores variadas que cada um traz presa à sua cintura. Mais que apenas um acessório, as faixas servem para identificar o Orixá que rege o médium naquele momento de sua vida. Se retornarmos à tabela acima teremos as cores referentes a cada Orixá, que será a mesma da faixa a ser confeccionada para incorporar a vestimenta do médium. Além da identificação do Orixá, as faixas servem também como um instrumento de segurança para o médium, pois ao rodar durante o processo de incorporação, este pode se desequilibrar e ficar sujeito a tombar ao chão, e para evitar que o médium seja segurado por qualquer parte do corpo e que isso venha lhe causar algum constrangimento, este é seguro pela faixa.

Já estive em alguns terreiros e em determinadas giras em que os médiuns vestem-se com roupas referentes às entidades que irão trabalhar no dia. Isso faz parte da Umbanda?

Não havendo o exagero, como mencionei anteriormente, não vejo problema, pois muitas vezes isso ajuda a fortalecer a fé dos consulentes e de médiuns também. O que sou é contra o exagero, a ostentação, pois não são todos que possuem condições financeiras para confeccionar uma roupa com luxo e muitos brilhos. E isso foge de um dos princípios da Umbanda, a humildade. Humildade não quer dizer que temos de andar com trapos ou roupas ruins para demonstrá-la, mas também não precisamos ostentar. Roupas bem-elaboradas e luxuosas para entidades remetem ao Candomblé, e estamos falando de Umbanda. Nossos Guias Espirituais não precisam de tudo isso.

Outro componente do vestuário de um médium e que chama muito a atenção dos consulentes consiste nas guias. As guias não são assessórios, não são simplesmente um colar para enfeitar o médium ou mostrar seu grau hierárquico dentro de um terreiro. Estas servem como proteção do médium, pois absorvem cargas energéticas, liberadas durante os trabalhos realizados em uma sessão, evitando assim que o médium receba esse impacto diretamente; podemos associar as guias a um escudo que protege um cavaleiro contra as armas do inimigo.

As guias são confeccionadas pelo dirigente da casa ou por um médium preparado para este trabalho. Algumas vertentes são a favor do próprio médium confeccionar suas guias dentro do padrão do terreiro, pois assim coloca nesta guia um pouco de sua energia, mas isso segue a regra de cada casa. Nesse processo de confecção, o material utilizado varia de acordo com a casa e a raiz que a mesma segue. Na maioria, as guias são confeccionadas com miçangas de cristal ou vidro, e a quantidade utilizada e seu comprimento variam de casa para casa, conforme o entendimento do dirigente. A disposição das cores é de acordo com o Orixá que rege o médium. As guias comuns a todos os médiuns, inclusive aos iniciantes, é a do anjo da guarda (transparente), a de Oxalá (branca leitosa) e a do Orixá que rege sua cabeça (conforme a cor que o representa).

Alguns médiuns possuem guias a mais, que são diferenciadas das tradicionais. Essas são solicitadas pelas entidades que trabalham com o médium que a utilizam como canalizadores de energia durante os trabalhos realizados. Outras guias que diferem das demais são as utilizadas pelos dirigentes, Pais e Mães Pequenos e Capitães, que apresentam miçangas com as cores referentes ao seu carrego, isso significa a sequência dos Orixás que o regem (sete no total), mas isso é um assunto a respeito do qual não entraremos em detalhes neste livro para evitar confusão neste momento.

Uma observação que se deve levar bastante em conta, salientada por todos os dirigentes entrevistados, é que quantidade de guias não é sinônimo de espiritualidade ou mediunidade maior que a dos demais médiuns, do mesmo jeito uma proteção mais efetiva, apenas uma solicitação de seus guias para criação de um campo energético para realização de trabalhos. Todos os médiuns com suas entidades firmadas podem vir a usar guias diferenciadas, se essas forem solicitadas pelo Astral. As guias, assim também outros objetos utilizados nos rituais, servem para auxiliar o médium a firmar seus pensamentos e a focar sua atenção nos trabalhos que serão realizados e não na forma de simbolismo de mediunidade avançada, que esses objetos possam remeter, mas sim instrumentos catalisadores de energia.

Uma coisa importante a se comentar, já que estamos falando de guias, é a sua importância e o respeito que devemos ter por este elemento; deve-se evitar deixá-las em qualquer lugar, ir ao banheiro com elas, fumar com elas no pescoço. Devemos tratá-las igual a uma joia e com muito respeito, pois como disse antes, não são simples colares.

Podemos lavar as guias?

Geralmente, a lavagem das guias acontece duas vezes por ano, as duas em trabalhos externos, o de praia e o de cachoeira, pois temos nestes dois trabalhos o elemento água corrente e direto de pontos de força da natureza regidos por Orixás que nos protegem e nos guiam em nossa caminhada, duas mães caridosas, Iemanjá e Oxum.

Ao vermos uma corrente de médiuns (nome dado à formação que os médiuns ficam durante uma gira, por serem considerados elos de uma corrente energética do bem) durante uma gira, verificamos que alguns estão descalços, outros com chinelos, sapatilhas e até tênis. A utilização de calçados também varia de acordo com as normas da casa, mas a maioria dos médiuns fica descalça, pois com o pé em contato com o solo facilita a descarrega das energias absorvidas durante uma gira, além de pé no chão também demonstrar a igualdade dos médiuns.

Assessórios tais quais anéis, relógios e brincos não são proibidos, apenas se sugere que sejam retirados evitando assim acidentes e mantendo a uniformidade entre todos os médiuns, mostrando assim sua humildade. Quanto a valores energéticos que esses objetos possam emitir, não fazem nenhuma interferência para o bem ou para o mal.

Podemos demonstrar com isso que a humildade e a simplicidade constituem o vestuário mais indicado para os trabalhos mediúnicos.

Fumo e Bebida

ESTE É UM DOS TEMAS MAIS POLÊMICOS e delicados na Umbanda, e que se não for bem esclarecido torna-se alvo de preconceito entre umbandistas e pessoas de fora da Umbanda.

Como já disse, tudo que se utiliza nos rituais de Umbanda possui um porquê e tem sua importância, nada é simplesmente jogado nos rituais. E a bebida e o fumo também têm seus fundamentos dentro de nossa ritualística.

Já ouvi muitos dizerem que a Umbanda é atrasada, pois seus Guias Espirituais ainda fumam e bebem. Também já ouvi dizerem que os Guias Espirituais bebem e fumam, pois não estão livres ainda de seus vícios terrenos. Com perdão da palavra, isso tudo é uma grande besteira. Precisamos primeiro estudar, conhecer para compreendermos os "porquês", para aí sim questionar algo. É fácil simplesmente criticarmos algo que não compreendemos.

O fumo utilizado pelos Guias Espirituais na Umbanda não é para saciar seu vício terreno, mas um defumador portátil (vou usar esta nomenclatura para facilitar o entendimento) que é utilizado nas limpezas espirituais dos consulentes e do próprio ambiente. Sabemos que muitos que vão aos terreiros acabam levando presos à sua aura miasmas e larvas astrais (sujeiras astrais) que acabam aglutinando-se no campo energético de médiuns e consulentes durante o caminho ao terreiro. Podemos associar essa sujeira astral à poeira que nós estamos sujeitos a pegar quando saímos à rua para irmos a algum lugar. Esta afirmação pode gerar dúvida. Se nós passamos por banhos de descarrego e defumação no terreiro, como ainda podemos estar sujos energeticamente? É simples. Nem sempre as sujeiras astrais saem em sua totalidade e, às vezes, precisamos mais de uma limpeza para que sejam eliminadas completamente. Imaginem se estamos com caspa ou piolho, para removermos essas impurezas de nossas cabeças precisamos tomar mais de um banho e utilizarmos produtos especiais para a eliminação dessas. Na limpeza espiritual ou energética é a mesma coisa. Às vezes, podemos ter chegado ao terreiro com nosso campo energético limpo, mas não sabemos se a pessoa que está ao nosso lado também está com o dela limpo e, caso não esteja, podemos acabar atraindo alguma impureza astral para o nosso campo energético, através de um pensamento errado ou uma atitude mais brusca, que fará nossa vibração abaixar o suficiente para que estas sujeiras prendam-se à nossa energia. Por isso, a necessidade de nossos Guias utilizarem tal elemento. Sem considerarmos que o fumo é uma erva, e em contato com a brasa libera energias absorvidas pelas plantas desde seu plantio até sua colheita. Falaremos mais a esse respeito quando abordarmos o assunto defumação.

Sei que muitos devem estar pensando:

Mas, existem entidades que fumam cigarro e esse possui várias impurezas e produtos industrializados. Isso não pode ser prejudicial?

Poderia, se não fosse utilizado por entidades de grau evoluído que conseguem, no Mundo Astral, eliminar as impurezas do cigarro e só se utilizarem do fumo. Tanto é que o médium que não fuma não se vicia em tabagismo se as entidades que trabalham com ele fazem uso deste elemento. Nunca conheci nenhum médium sério

86 | *Umbanda, uma religião sem fronteiras*

e devidamente incorporado, que acabou por se viciar ao tabaco porque as entidades que trabalham com ele fumam.

Mais uma vez, podemos comprovar que o fumo na Umbanda não tem nada a ver com o vício do tabagismo, mas sim como uma forma terapêutica que nossos Guias Espirituais utilizam para nos auxiliar.

Em relação ao uso da bebida é a mesma coisa, porém suas propriedades são outras e sua funcionalidade também, mas igualmente ao fumo, a bebida possui seu fundamento dentro da Umbanda.

Como já disse anteriormente e vou repetir para que fique bem claro – Entidade de Luz que trabalha na Umbanda não possui vícios carnais. Se isso parece se mostrar podemos dizer que é por interferência do médium mal preparado.

A bebida possui um elemento chamado álcool, substância volátil que evapora em contato com o oxigênio. O álcool possui uma energia que é absorvida pelo mundo espiritual para limpezas astrais, por isso a utilização da bebida em giras de Umbanda. Como sei que este é um assunto muito polêmico, vou enumerar algumas perguntas que já ouvi durante todo o meu período de estudos.

A bebida consumida em uma gira de Umbanda pode tornar o médium dependente do álcool?

Se realmente for uma Entidade de Luz e a incorporação for verdadeira, todo álcool ingerido pela entidade será levado embora após a sua desincorporação. E o médium não terá nenhum resquício deste elemento. Inclusive já presenciei um caso em que saíamos de uma festa cigana no terreiro que frequento e estávamos indo a outro terreiro para outra festa cigana. No meio do caminho, um dos carros que nos acompanhava foi abalroado, acho essa palavra muito legal (palavra utilizada pela polícia para indicar colisão de veículos) por um carro durante nosso trajeto. Foi chamada a polícia de trânsito para realizarmos o boletim de ocorrência, essa quando chegou tratou logo de fazer uso do bafômetro. Ficamos apreensivos, pois havíamos saído de uma festa cigana regada a vinho, apesar de termos a teoria de que a entidade teria levado todo o álcool que pudesse ter ficado com o médium. O motorista foi chamado para fazer o teste e eis a nossa surpresa, teor de álcool zero. Daquele dia em diante vimos que essa teoria estava confirmada como verdadeira.

Porém, se o médium estiver mistificando ou apenas sentindo vibração e achando que está incorporado ou ainda estiver fingindo uma incorporação, claro que além de permanecer com todo o álcool ingerido no corpo, pode sim se tornar um dependente se mantiver essa mesma atitude por mais vezes. Outra história interessante que ouvi nestes anos de Umbanda foi a de um médium questionar mentalmente suas entidades, o porquê de consumir bebida alcoólica. Em certa gira este mesmo médium, incorporado com seu Guia Espiritual, passou a gira toda só consumindo água. Ao término da gira este médium estava se sentindo bêbado, porém não havia ingerido uma gota de álcool. Isso comprova o que explicamos até agora e que vamos falar ainda mais um pouco. Claro que, às vezes, este médium pode ter achado que estava bêbado, mas na realidade ele ainda estava sob a vibração daquela entidade para que o médium tivesse a certeza da evolução de seus Guias, e que estes não vêm aos terreiros para nos prejudicar.

O exagero no consumo pode ocorrer?

Sim, porém teremos neste caso uma boa influência do médium. Talvez para provar que sua entidade é forte o bastante e mesmo que esteja incorporado pode sofrer com as consequências, pois nenhuma entidade séria de Umbanda está preocupada em mostrar seu poder aos outros. O ego será todo do médium e não da entidade.

Uma entidade pode beber apenas água?

Sim e realizará o mesmo trabalho que se utilizaria com a bebida alcoólica, caso essa não seja tão importante para aqueles trabalhos.

Um médium que não bebe, será obrigado a beber por causa de sua entidade?

A entidade ciente que seu médium não pode ingerir bebida alcoólica utilizará apenas água, porém se for indispensável a utilização de bebida alcoólica em algum trabalho, ela se servirá de um copo com esta bebida e a colocará em seu ponto riscado para se utilizar daquele elemento.

Então, todas as entidades poderiam se utilizar desta prática de colocar a bebida no ponto riscado e não ingerirem?

Sim, porém algumas vezes é necessário que o médium faça uso da bebida, para que se solte mais durante os trabalhos, como se fosse anestesiado com essa bebida para não ocorrer interferência, porém, após a desincorporação o médium não terá sequelas nenhuma da ingestão da bebida alcoólica.

Eu acredito que não tenha respondido a todas as perguntas referentes a este assunto, que como disse, ainda é muito polêmica entre os umbandistas e pessoas de fora da religião. Mas, gostaria de deixar explícito que a Umbanda não é uma religião atrasada por fazer uso desses dois elementos, ainda incompreendidos.

Ervas

ANTES DE ABORDAR OS TEMAS banho e defumação, precisamos primeiro falar acerca das ervas que são primordiais para esses rituais. Claro que são rituais – um banho de descarrego, um banho energético ou uma defumação são rituais que fazem parte da liturgia da Umbanda e possuem seus fundamentos.

Não precisamos ser biólogos ou botânicos para realizarmos tais rituais, mas precisamos conhecer um pouco de ervas e suas propriedades para que o efeito dessas seja bem aproveitado nesses preceitos ou ritual, como preferirem chamar.

As ervas são elementos da natureza muito utilizados na Umbanda, pois eles, além de possuírem sua energia própria, absorvem a energia da terra, das águas e do ar, ocasião em que se utilizam desses para seu crescimento e evolução.

Quando falamos em ervas nos lembramos dos alquimistas da Idade Média, dos bruxos e feiticeiros, das benzedeiras com seus banhos e garrafadas, que outrora foram e são tão criticadas por médicos e cientistas das cidades grandes, levando-nos pelo inconsciente a um mundo místico e misterioso das ladainhas dos benzimentos e suas rezas incompreensíveis, conhecimento que não é revelado em escolas, mas apenas àqueles iniciados nos cursos de erveiros ou passado de geração para geração.

Existem duas regras básicas para o uso das ervas, sejam elas em banho ou em defumação. **Amor e bom-senso.**

90 | *Umbanda, uma religião sem fronteiras*

Bom-senso é o conhecimento básico, é o raciocínio capaz de discernir se algo é bom ou ruim, a capacidade que seu íntimo tem de julgar aquilo que lhe impõe para sabermos se devemos usar ou não uma erva que não conhecemos. Não devemos dar vazão ao "achismo", não podemos simplesmente usar uma erva por sua beleza ou simplesmente porque ouvimos falar que ela serve para isso ou para aquilo. Temos de usar o bom-senso no momento de avaliarmos se as informações que recebemos acerca dessa ou daquela erva são realmente verdadeiras, e se quem nos passou é conhecedor ou não do assunto.

Bom-senso é sabermos que não podemos queimar uma erva fresca, pois ela contém grande quantidade de água. Pergunte a si mesmo, à sua alma, a seu coração, sinta a energia da erva e saberá se o que está fazendo é correto ou não.

Quanto ao amor, o assunto torna-se mais amplo, pois temos várias formas de amor, desde aquela por nossos entes queridos, animais de estimação, amigos e aquelas que nos arrebatam, são avassaladoras, que passam por nossa vida arrasando quarteirão, mas ao mesmo tempo com tamanha suavidade, leveza, que nos enche a alma, eleva o espírito e nos deixa em estado de êxtase.

Podemos dividir o amor em duas partes, como aprendi com um mestre erveiro. Em fé e respeito. Fé é aquilo em que acreditamos, é a mola propulsora que nos direciona para algo. Fé não tem forma definida nem regra. É algo que vem do coração. A fé nos leva a acreditar em algo, lutar por um ideal. A fé é um sentimento imensurável, e quando associamos essa fé, esse crer em uma religião, chamamos de fé religiosa, que nos ajuda a seguir em frente em nossa caminhada para um bem maior.

Mas, a fé não está ligada apenas à religiosidade, pois quando acreditamos em algo, temos fé que aquilo irá nos ajudar, esta força-pensamento que também podemos chamar de fé, pois o universo conspira a favor, as energias que nos envolvem conspiram para que alcancemos nossos objetivos. Sem fé não há vida, nem pelo que lutar.

Respeito é honra. Respeitar a vida, a natureza, o próximo é fundamental para que tenhamos uma vida voltada ao Bem e ao Criador.

Ao respeitarmos as formas energéticas trazemos benefícios às nossas vidas. Tudo na vida tem energia e se esta for bem direcionada traz-nos harmonia, equilíbrio e força, porém se mal direcionada pode nos causar prejuízos incomparáveis. Toda forma de energia tem uma ação e uma reação; se tivermos o respeito na manipulação destas energias, sempre voltadas para o bem, colheremos resultados maravilhosos, caso contrário, arcaremos com as consequências. Isso é respeito.

As ervas possuem três classes distintas: as quentes ou agressivas, as mornas ou equilibradoras e as frias ou específicas.

Antes de falarmos das categorias das ervas, vamos fazer um comparativo. Imagine que você tenha acabado de fazer uma reforma em sua casa, e a reforma deixou-a suja. Não adianta você pegar uma flanela com álcool para executar a limpeza, pois este produto não resolverá seu problema, então você terá de utilizar um produto com uma ação mais forte para retirar a sujeira mais pesada, depois você vai utilizar um produto para manter o ambiente limpo e, se precisar, uma terceira categoria de produto para uma limpeza mais específica, como tirar uma mancha, limpar um vidro e assim por diante. Assim também é com as ervas, a utilização do tipo de ervas vai de acordo com sua necessidade. Antes de utilizarmos qualquer tipo de erva, precisamos primeiramente saber o que queremos. Qual o meu objetivo? A partir deste princípio, poderemos definir que ervas serão utilizadas para cada ritual. Isso também é bom-senso.

As **ervas quentes** ou agressivas são ervas de limpeza. São aquelas que vamos utilizar para tirar aquela sujeira mais pesada do nosso campo energético ou do ambiente. Devemos tomar muito cuidado com essas ervas, pois o uso em demasia pode nos prejudicar. Lembram da nossa limpeza após a reforma, pois bem, se usarmos produtos fortes em excesso, vão acabar danificando um piso ou uma parede, por isso, mais uma vez, temos de usar o bom-senso.

Alguns exemplos de ervas quentes são: *Arruda, Guiné, Erva-de-bicho, Casca de Alho, Casca de Cebola, Fumo (tabaco), Pinhão-roxo, Quebra-demanda, Mamona, Folha de Eucalipto, Folha-de-chorão, Picão, Angico, Aroeira, Jurema-preta, Espada--de-são-jorge. Espada-de-santa-bárbara, Espinheira-santa, Dandá-da-costa, Peregum-roxo, Comigo-ninguém-pode, etc.*

As **ervas mornas** ou equilibradoras são aquelas que nos auxiliam, como o próprio nome já diz, equilibram o teor energético de um banho ou de uma defumação. Esta categoria de ervas também nos auxilia no reequilíbrio de nossas energias, através de banhos. Permite-nos reequilibrar e fazer uma manutenção energética, se assim podemos dizer.

Alguns exemplos de ervas mornas: *Sálvia, Alfazema, Alecrim, Calêndula, Hortelã, Boldo, Manjericão, Poejo, Alfavaca, Levante, Manjerona, Folha-da-costa ou Saião, Graviola, Abacateiro, Goiabeira, Pitangueira, Abre-caminho, Samambaia, Assa-peixe, Cipó--caboclo, Peregum-verde ou Dracena, Anis-estrelado, Rosa-branca, Camomila, Folha de Cenoura, Folha de Beterraba, etc.*

As **ervas frias** ou específicas são aquelas que utilizamos para um objetivo pré-determinado, como por exemplo: prosperidade, um fim medicinal e tantos outros objetivos. Aí você pode se perguntar. Mas, as ervas quentes e mornas também têm um fim específico? Sim, mas não tão específico como as frias. Vejamos: se queremos fazer uma defumação ou um banho em busca de prosperidade, podemos utilizar a flor de louro, se precisamos de uma erva para um problema de saúde específico esta será uma erva fria. Então, ervas frias são aquelas utilizadas para um fim específico. Lembrando que quando falamos em prosperidade não queremos falar em prosperidade financeira, mas na multiplicação daquilo que já se tem, em todos os aspectos.

Alguns exemplos de ervas frias: *Jasmim, Louro, Folha de Café, Malva, Rosa-vermelha, Artemísia, Malva, Romã, Jasmim, Anis-estrelado, etc.*

Abaixo uma tabela com algumas ervas e seus Orixás:

Iansã	Cana-do-brejo, Erva-prata, Espada-de-iansã (não serve para banho), Folha de Louro (não serve para banho), Erva-de-santa-bárbara, Folha-de-fogo, Colônia, Mutamba, Folha da Canela, Folha de Alho, Alfavaquinha, Erva-tostão, Peregum-amarelo, Catinga-de-mulata, Parietária, Pára Raio. (Em algumas casas: Catinga-de-mulata, Cordão-de-frade, Gerânio cor-de-rosa ou vermelho, Açucena, Folhas de Rosa-branca).
Yemanjá	Colônia, Golfo-de-baronesa, Pata-de-vaca, Rama de Leite, Jarrinha, Abebê, Bredo sem Espinho, Alfavaquinha, Malva-branca, Capela, Folha-de-neve-branca, Manjericão-branco, Embaúba. (Em algumas casas: Aguapé, Lágrima-de-nossa-senhora, Araçá-da-praia, Flor de Laranjeira, Guabiroba, Jasmim, Jasmim-de-cabo, Jequitibá-rosa, Malva-branca, Marianinha, Trapoeraba-azul, Musgo-marinho, Nenúfar, Rosa-branca, Folha-de-leite).
Nanã	Colônia, Manjericão-roxo, Taioba (não serve para banho), Ipê-roxo, Erva-de-passarinho, Dama-da-noite, Folha-da-quaresma, Jarrinha, Parioba, Golfo Redondo, Canela-de-velho, Salsa-da-praia, Manacá. (Em algumas casas: Assa-peixe, Cipreste, Erva-macaé, Dália vermelho-escura, Folha de Berinjela, Folha de Limoeiro, Manacá rosa vermelho-escura, Tradescância).

Obaluaê	Canela-de-velho, Barba-de-velho, Erva-de-passarinho, Cinco-chagas, Fortuna, Hera, Folha-de-loko, Taioba (não serve para banho), Erva-de-bicho, Barba-de-milho. (Em algumas casas: Cufeia, Sete-sangrias, erva-de-passarinho, Canela-de-velho, Quitoco, Zínia).
Ogum	Peregum-verde, São-gonçalinho, Quitoco, Mariô, Lança-de-ogum (não serve para banho), Coroa-de-ogum (não serve para banho), Espada-de-ogum (não serve para banho), Canela-de-macaco, Folha de Mangueira, Erva-grossa, Parietária, Língua-de-vaca, Mutamba, Palmeira-do-dendê, Taioba (não serve para banho), Alfavaquinha, Bredo, Cipó-chumbo. (Em algumas casas: Aroeira, Pata-de-vaca, Carqueja, Losna, Comigo-ninguém-pode, Folhas de Romã, Flecha de Ogum, Cinco-folhas, Macaé, Folhas de Jurubeba).
Oxalá	Tapete de Oxalá (Boldo), Saião, Sândalo, Malva-branca, Colônia, Patchouli, Alfazema, Manjericão-branco, Folha de Cravo-da-índia, Neve Branca, Folha de Algodoeiro, Salsa-da-praia, Folha de Parreira, Rosa-branca, Folha de Laranjeira. (Em algumas casas: Poejo, Camomila, Chapéu-de-couro, Coentro, Gerânio branco, Arruda, Erva-cidreira, Alecrim-do-mato, Hortelã, Folhas de Girassol, Agapanto-branco, Aguapé (golfo de flor branca), Alecrim-da- horta, Alecrim-de-tabuleiro, Baunilha, Camélia, Carnaubeira, Cravo-da-índia, Fava-pichuri, Fava-de-tonca, Maracujá (flores), Macela, Palma-de-jerusalém, Umbuzeiro, Salsa-da-praia).
Oxóssi	Alecrim, Guiné, Vence Demanda, Abre-caminho, Peregum-verde, Taioba (não serve para banho), Espinheira-santa, Jurema, Jureminha, Folha de Mangueira, Couve, Jurubeba, Bredo sem Espinho, Capela, Jarrinha, Desata Nó. (Em algumas casas: Erva-de-oxóssi, Erva-da-jurema, Alfavaca, Caiçara, Eucalipto).

Oxum	Colônia, Macaçá, Oriri, Oripepê, Macaçá, Jasmim, Pingo-d'água, Agrião, Dinheiro-em-penca, Manjericão-branco, Calêndula, Narciso, Alfavaquinha, Malva-branca, Folha-de-fortuna, Rama-de-leite, Folha-de-vintém; Vassourinha e Erva-de-santa-luzia (não servem para banho). (Em algumas casas: Erva-cidreira, Gengibre, Camomila, Arnica, Trevo Azedo ou Grande, Chuva-de-ouro, Manjericona, Erva-de-santa-maria).
Xangô	Erva-de-são-joão, Erva-de-xangô, Nega Mina, Erva-de-santa-maria, Jarrinha, Beti, Elevante, Cheiroso, Cordão-de-frade, Jarrinha, Erva-de-bicho, Erva-tostão, Bico-de-papagaio, Alfavaquinha, Mutamba, Mal-me-quer branco, Caruru, Pára Raio, Umbaúba. (Em algumas casas: Xequelê, Manjericão-roxo).

As ervas também têm propriedades energéticas próprias, independente dos Orixás a que pertencem; seu uso deve sempre seguir a recomendação dos Guias ou dirigentes da casa.

Para colorir um pouco mais seus conhecimentos, segue abaixo uma pequena tabela com a nomenclatura das ervas mais utilizadas e suas características:

Alecrim-de-tabuleiro	É um maravilhoso afugentador de larvas astrais, razão pela qual se deve usá-lo nos defumadores.
Amendoeira	Seus galhos são usados nos locais em que o homem exerce suas atividades lucrativas.
Angélica	Sua flor espanta influências malignas e neutraliza a emissão de ondas negativas. A flor também é usada como ornamento e dá-se de presente na vibração do que se quer.

Angelim-amargoso / Morcegueira	Aplicadas em banhos forte de descarrego, com o propósito de destruir os fluidos negativos, realizando um excelente descarrego.
Arrebenta-cavalo	Empregada em banhos fortes, do pescoço para baixo, em hora aberta.
Arruda	Usada nos rituais contra maus fluidos e olho-grande. O que é fácil de perceber, pois se o ambiente estiver realmente carregado a arruda morre.
Bambu	Poderoso defumador contra Kiumbas. O banho também é excelente contra perseguidores.
Bardana	Aplicada nos banhos fortes, para livrar de ondas negativa e Eguns.
Beladona	Nas cerimônias litúrgicas só tem emprego nos sacudimentos domiciliares ou de locais onde o homem exerça atividades lucrativas.
Brinco-de-princesa	É planta sagrada de Exu. Seu uso se restringe a banhos fortes para proteção.
Cabeça-de-nego	A rama é empregada nos banhos de limpeza e o bulbo nos banhos fortes de descarrego.
Cana-de-açúcar	Suas folhas secas e bagaços são usados em defumações para purificar o ambiente antes dos trabalhos ritualísticos, pois essa defumação afasta Eguns.
Canjerana-pau-santo	Em rituais é usada a casca, para constituir pó, que funcionará como afugentador de Eguns e para anular ondas negativas.
Capim-limão	Erva sagrada de uso constante nas defumações periódicas que se fazem nos terreiros. Propicia a aproximação de espíritos protetores.
Cardo-santo	Essa planta afugenta os males, propicia o aparecimento do perdido.

Embaúba	Somente é usada nos boris a espécie prateada. As outras espécies são usadas nos sacudimentos domiciliares ou de trabalho.
Erva-de-bicho	É positiva a limpeza que realiza e possante destruidora de fluidos negativos.
Erva-preá	Empregada nos banhos de limpeza, descarrego, sacudimentos pessoais e domiciliares.
Estoraque-do-brasil	Sua resina é colhida e reduzida a pó. Este pó, misturado com benjoim, é usado em defumações pessoais. Essa defumação destina-se a arrancar males.
Facheiro-preto	Aplicada somente nos banhos fortes de limpeza e descarrego.
Fava-de-tonca	A fava é usada nas cerimônias do ritual, o fruto é usado depois de ser reduzido a pó. Este pó é aplicado em defumações ou simplesmente espalhado no ambiente. Anula fluidos negativos, afugenta maus espíritos e destrói larvas astrais. Propicia proteção de amigos espirituais.
Fava-pixurim	No ritual de Umbanda e Candomblé usa-se o fruto, a fava, reduzida a pó, o qual é aplicado espalhando-se no ambiente. Aplica-se, igualmente, em defumações que atraem bons fluidos. É afugentador de Eguns e dissolve ondas negativas, anulando larvas astrais.
Fedegoso-crista-de-galo	Misturada a outras ervas pertencentes a Exu, o fedegoso realiza os sacudimentos domiciliares. É de grande utilidade para limpar o solo onde foram riscados os pontos de Exu. Também utilizada em banhos fortes de descarrego, pois é eficaz no afastamento de Eguns causadores de enfermidades e doenças. Com flores e sementes desta planta é feito um pó, o qual é aplicado sobre as pessoas e em locais; é denominado "o pó que faz bem".

Figo-benjamim	Empregada em banhos fortes para pôr fim a padecimentos de pessoas que estejam sofrendo obsessão.
Girassol	Tem grande prestígio nas defumações, em face de ser anuladora de Eguns e destruidora de larvas astrais. Nas defumações usam-se as folhas e nos banhos colocam-se, também, as pétalas das flores, colhidas antes do sol.
Gitó-carrapeta	Usada em banhos de cabeça para desenvolver a vidência, audição e intuição.
Guaxima-cor-de-rosa	É de costume usar galhos de guaxima em sacudimentos pessoais e domiciliares.
Ipê-amarelo	Aplicada somente em defumações de ambientes.
Jabuticaba	Usada nos banhos de limpeza e descarrego dos filhos de Ogum. Os banhos devem ser tomados pelo menos quinzenalmente, para haurir forças para a luta.
Lanterna-chinesa	Utilizada em banhos fortes para descarregar os filhos atacados por Eguns. Suas flores enfeitam a casa de Exu.
Laranjeira-do-mato	Seu uso restringe-se a banhos fortes de limpeza e descarrego.
Louro Loureiro	Planta que simboliza a vitória, por isso pertence à Iansã. É usada nas defumações caseiras para atrair recursos financeiros. Suas folhas também são utilizadas para ornamentar a orla das travessas em que se coloca o acarajé para arriar em oferenda a Iansã.
Maminha-de-porca	Somente seus galhos são usados em sacudimentos domiciliares.

Mangueira	É aplicada nos banhos fortes, misturada com aroeira, pinhão-roxo, cajueiro e vassourinha--de-relógio, do pescoço para baixo. Ao terminar, vista uma roupa limpa. As folhas servem para cobrir o terreiro em dias de festa.
Manjericão-roxo	Colhido e seco, sua folha previne contra raios e coriscos em dias de tempestades, usando o defumador. Também é usada como purificador de ambiente.
Manjerioba	Utilizada nos banhos fortes, nos descarregos, nas limpezas pessoais e domiciliares e nos sacudimentos pessoais, sempre do pescoço para baixo.
Mata-cabras	Muito utilizado para afugentar Eguns e destruir larvas astrais. As pessoas que a usam não devem tocá-la sem cobrir as mãos com pano ou papel, para depois despachá-la na encruzilhada.
Milho	Pertence a Oxóssi; as espigas de milho em casa propiciam despensa farta.
Musgo-da-pedreira	Tem aplicação nos banhos de descarrego e nas defumações pessoais, que são feitas após o banho. A defumação destina-se a aproximar o paciente do bem.
Noz-moscada (Dandá-da-costa)	Seu uso ritualístico limita-se à utilização do pó que, espalhado ao ambiente, exerce atividade para melhoria das condições financeiras. É também usado como defumador. Este pó, usado nos braços e mãos ao sair à rua, atrai fluidos benéficos.
Ora-pro-nobis	Afasta Eguns e destrói larvas astrais.
Pessegueiro	É utilizado por filhos de Xangô. Pois, esta propicia melhores condições mediúnicas, destruindo fluidos negativos e afastando Eguns.

Pinhão-branco	Aplicada em banhos fortes misturada com aroeira. Esta planta possui o grande valor de quebrar encantos.
Pinhão-roxo	No ritual tem as mesmas aplicações descritas para o pinhão branco. É poderoso nos banhos de limpeza e descarrego, e também nos sacudimentos domiciliares, usando-se os galhos.
Taquaruçu-bambu-amarelo / Bambu-dourado	Os galhos finos, com folhas, servem para realizar sacudimentos pessoais ou domiciliares.
Urtiga-de-mamão	Aplicada em banhos fortes, somente em casos de invasão de Eguns. O banho é empregado do pescoço para baixo. Esse banho destrói larvas astrais e afasta influências perniciosas.
Vassourinha-de-botão	Muito empregada nos sacudimentos pessoais e domiciliares.
Vassourinha-de-relógio	Ela somente participa nos sacudimentos domiciliares.
Vassourinha-de-igreja	Entra nos sacudimentos de domicílio, de local onde o homem exerce atividades profissionais.

Banhos

Na Umbanda são utilizados banhos energéticos, banhos de descarrego, de mar, cachoeira, e algumas vertentes ainda falam do banho de sol e de lua. Sim, de sol e de lua, pois estes emanam energias que podem auxiliar-nos em nosso reequilíbrio. Porém, o mais conhecido é o de descarrego, aquele em que utilizamos ervas frescas ou desidratadas (secas).

O banho de descarrego ajuda-nos a limpar nosso campo energético e a nos reequilibrar. Passamos todos os dias por locais infestados de energias nocivas à nossa aura e, logo, ao nosso corpo físico, e se não mantivermos higienização de nossas energias, poderemos sofrer sua influência. Isso não quer dizer que devemos tomar banho de descarrego todos os dias, mas de tempo em tempo seria aconselhável.

Antes de qualquer trabalho mediúnico, devemos fazer uso desse banho para limparmos e prepararmos nosso corpo e nossas energias evitando assim alguma interferência negativa ou até absorção de mais energias nocivas, pois com nosso campo energético sujo os nossos anticorpos energéticos ficam vulneráveis.

No entanto, há polêmica quanto à forma de ministrarmos esse banho; uma corrente prega que devemos sempre tomar banhos de descarrego do pescoço para baixo, pois na cabeça só podemos utilizar as ervas ligadas ao nosso Orixá de cabeça;

outra corrente fala que devemos tomar os banhos de descarrego no corpo inteiro, pois temos pontos de forças que também podem absorver sujeiras astrais, do pescoço para cima. Mais importante do que essa polêmica é realizarmos esse banho com a mente aberta, os pensamentos elevados e com fé, pois sem isso nada funciona, se não tivermos fé, acreditarmos que o que estamos fazendo nos ajudará, é melhor nem fazermos.

O único banho que realmente aconselhamos a ministrar da cabeça para baixo é o de Sal Grosso, pois este elemento possui um poder muito grande na eliminação de energias, tanto é que sempre que tomamos um banho de descarrego de Sal Grosso, do pescoço para baixo, devemos logo em seguida lavar nosso corpo com água limpa (do chuveiro), para que o efeito do sal não continue agindo em nosso campo energético. Se observarmos, veremos que esta afirmação é verdadeira. Quando vamos à praia e entramos no mar, depois de algum tempo se não removermos o sal marinho de nossos corpos, nos sentimos cansados, e aí vem aquela afirmação de que praia é bom, mas cansa.

Uma dica interessante para um banho de descarrego é misturar os tipos de ervas que citamos anteriormente (quentes e mornas) para que ao mesmo tempo em que descarregue as energias nocivas ele já reequilibre nosso campo energético com energias benéficas. Os banhos de descarrego devem sempre ser preparados com quantidades ímpares de ervas (uma, três, cinco ou sete), estas são as quantidades mais utilizadas em banho de descarrego. Quantidade de ervas não é sinônimo de banho forte ou fraco.

Todo o banho realizado com ervas secas ou desidratadas deve ser preparado com água quente. Banhos com ervas frescas deverão ser preparados com água fria e as ervas devem ser maceradas para que seu sumo seja retirado.

Outra dúvida bastante comum é a seguinte:

Posso me enxugar logo após o banho de descarrego ou devo esperar secar naturalmente?

Veja, aqui no Sul, dependendo da época do ano, se deixarmos secar o banho naturalmente teremos uma epidemia de umbandistas gripados ou com pneumonia. Neste caso, sugiro que após o banho de descarrego respiremos fundo, dez vezes, e depois nos enxugemos, assim temos uma absorção necessária das propriedades do banho. Já em regiões de mais calor o ano inteiro, seria bem interessante a absorção total do banho e a não utilização de toalha para se secar.

Tem hora certa para tomar o banho de descarrego?

Sim, após o banho de higienização tradicional. Aquele com água e sabonete.

Agora, de nada servirá este banho se não fizer uma evocação, reza, oração, como achar melhor, a Deus e às forças da natureza, pedindo para que aquele banho cumpra com suas finalidades. E nunca devemos nos esquecer do Bom-Senso, da Fé e do Respeito, sem estes três elementos será apenas um banho de folhas.

Os Banhos de mar e cachoeira, geralmente, são realizados em trabalhos externos, aqueles fora do terreiro que vemos nas praias no final e começo de ano onde, após todos os rituais realizados, os médiuns são banhados com a água do mar. A água salgada tem grande poder energético, pois ela serve como um agente de limpeza, purificador, retirando impurezas de nosso campo energético. Podemos dizer que ao utilizarmos a água do mar para o banho de descarrego estamos utilizando um produto de limpeza mais forte, aquele que tira as sujeiras que estão escondidas nos cantos de nosso corpo.

Por outro lado, o banho de cachoeira é um banho que descarrega e ao mesmo tempo revitaliza; ao entrarmos embaixo de uma cachoeira o choque energético que ocorre quando a água atinge nosso corpo faz com que miasmas, larvas astrais ou qualquer outra sujeira astral que possa estar presa ao nosso campo energético desprenda-se e, após este choque, quando nos ambientamos com a temperatura da água esta, com suas propriedades energéticas, nos revitaliza e nos prepara para seguirmos em frente e equilibrados. Lembramos que estes efeitos energéticos somente possuirão suas forças se esses banhos forem tomados em locais limpos e não poluídos e nós estivermos com o pensamento elevado, buscando realmente equilíbrio e harmonia em nossas vidas.

Nos casos de banhos de Lua, deverão ocorrer em noite de céu claro, sem nuvens. Os pensamentos do praticante deverão estar elevados e seu coração e mente abertos para absorção de tal energia. Nos banhos de Sol, não há a necessidade de céu aberto, mas o coração e a mente deverão estar em sintonia com o ritual que estará sendo realizado.

Defumação

A DEFUMAÇÃO PODERIA SER ASSOCIADA a um banho de descarrego a seco. Esta prática não é exclusiva da Umbanda ou de religiões afro-brasileiras. Ao colocarmos nossa memória em teste, poderemos nos lembrar que os padres, tanto das igrejas católicas quanto das igrejas ortodoxas também fazem uso dessa prática em suas liturgias.

Na Umbanda, utilizamos a defumação para limpezas e purificação de ambientes e de pessoas. Se repararmos, sempre no início de uma gira, o ritual da defumação está sempre presente, limpando o ambiente, os médiuns e as pessoas da assistência.

A queima do carvão em contato com as ervas e o ar liberam energias destes três elementos que, conduzidas para a prática do bem, movimentam energias salutares ao ambiente que está sendo defumado, assim também as pessoas que estão presentes no local.

Mas, para que defumar o terreiro e os médiuns, se o primeiro possui suas proteções e o segundo tomou o banho de descarrego antes de vir para o terreiro?

Não é porque deixamos nossas casas fechadas quando viajamos que não devemos limpá-la quando voltamos. O mesmo acontece com o terreiro, por mais que possuam suas firmezas e proteções, sempre estamos expostos a sujeiras astrais, trazidas por médiuns e consulentes. Por isso, a necessidade da defumação antes do começo dos trabalhos.

Quanto aos médiuns, muitos acabam passando por locais onde possam absorver algumas dessas sujeiras astrais, e para garantir que essas energias não atrapalhem os trabalhos a defumação faz-se necessária antes do início das giras. Vamos exemplificar da seguinte forma. Imaginem um cientista que chega a seu laboratório para realizar experimentos, ele deverá higienizar-se antes de iniciar suas pesquisas, o mesmo acontece com os médiuns. Já as pessoas da assistência passam por este ritual, pois não sabemos o que elas estão trazendo, quais suas mazelas e nem o que andaram fazendo.

O preparo da defumação é bem similar ao do banho de descarrego, pois existem ervas específicas para o tipo de defumação que irá se realizar, assim também sua funcionalidade. Não é simplesmente pegarmos ervas desidratadas e colocar num turíbulo (utensílio religioso utilizado para a realização da defumação) com carvão em brasa para que se faça uma fumaça. A ação da queima da erva libera energias que removem miasmas e larvas astrais que possam estar presas ao nosso corpo espiritual, deixando este fragilizado ou vulnerável a ações de energias nocivas. Esses parasitas astrais, em contato com a fumaça dessas ervas, desprendem-se e desintegram-se no ar, liberando-nos de suas ações nocivas.

Posso fazer uma defumação em minha casa?

Sim, porém deve ficar atento a qual finalidade e quais ervas utilizar. Sugiro que antes de fazer qualquer defumação em casa, informe-se qual erva é a mais recomendada para sua necessidade.

Quando realizamos a defumação em nossos terreiros e médiuns, entoamos cantigas e rezas específicas para esse ritual. O mesmo deve ser feito quando a defumação for realizada em sua casa, por isso converse com o dirigente do terreiro em que está frequentando para saber como realizar uma defumação correta.

Posso usar as ervas que uso para banho de descarrego na defumação?

Sim, porém precisa saber qual o objetivo da sua defumação, para saber qual erva utilizar.

Velas

Muitas pessoas de dentro e de fora da Umbanda alegam que velas, ponteiras, fumo, bebida e outros elementos que são utilizados em sua liturgia são apenas muletas que os médiuns utilizam para focar seus pensamentos nos trabalhos realizados. Esta afirmação não está toda errada, nem toda certa. Realmente, nós encarnados precisamos de muletas, se assim podemos chamar, para direcionarmos nossos pensamentos. Porém, o material utilizado nas giras de Umbanda são muito mais que muletas, são elementos mágicos, pois a Umbanda é uma religião coroada pela magia, e sendo assim se utiliza de tais elementos. Além do mais, nas velas possuímos a energia do fogo e a do ar, que juntos liberam energias necessárias para os trabalhos a serem realizados.

Velas são utilizadas em rituais religiosos há mais tempo que a Umbanda existe, logo não é uma prática exclusiva desta religião. Ao sairmos do campo religioso, podemos observar que temos contato com este elemento desde nosso primeiro aniversário, quando focamos nosso pensamento em um pedido e realizamos o ritual de assoprar a vela para que esse nosso desejo seja realizado. Isso mostra como não só a vela, mas sua chama nos atrai e nos faz concentrar naquilo que desejamos.

Em uma gira de Umbanda não é diferente; quando acendemos as velas do Congá (altar), focamos nossos pensamentos nos trabalhos que serão realizados, e a energia de nosso pensamento, associada à energia do fogo de sua chama, é movimentada através do ar que circula, tornando o ambiente mágico e preparado para toda a liturgia que se iniciará.

Precisamos apenas nos ater a uma única regra. O respeito. Pois, ao acendermos uma vela em um Congá, em uma oferenda ou em qualquer trabalho, precisamos estar concentrados naquilo que estamos fazendo, mostrando o respeito àquelas entidades que estão sendo evocadas e que estão ali para trabalhar para o bem. Como já disse algumas vezes neste livro, isso tudo nada terá valor se não houver fé naquilo que se está fazendo e se as intenções não forem as melhores possíveis, pois, caso contrário, estará convidando espíritos de baixa vibração e luz para se apoderarem daquela energia, e as consequências poderão ser prejudiciais.

Podemos associar ao poder mágico da vela, a idealização de um projeto, de um sonho em que a parafina, cera ou qualquer outro material de que é feita representa a parte física, e a chama o direcionamento de pensamento. Tudo que planejamos no mundo físico primeiro passa pelo pensamento e depois para ação. Com isso, podemos dizer que neste caso a vela é o elemento mágico que irá solidificar nossos pensamentos e desejos. Será o elemento que movimentará a energia emanada para o Cosmos para que este trabalhe a nosso favor, sempre em busca do bem. Podemos chamar este Cosmos de mundo espiritual.

Todo médium deve saber que ao sair de sua casa para ir ao terreiro deverá acender uma vela para seu anjo da guarda, caso isso se torne impossível, por motivos de segurança ou qualquer outro, deverá acendê-la no terreiro, para que seu anjo da guarda lhe proteja e guie nos trabalhos a serem realizados.

Passo fundamental no ritual de acender velas é o pensamento, pois se este for mal direcionado, confuso ou disperso pode canalizar coisas não muito positivas ou simplesmente não funcionar. Diz um provérbio chinês:

Cuidado com o que pede, pois poderá ser atendido.

A pessoa concentra-se no que deseja, e a função da chama é repetir, por reflexo, no Astral, a vontade e o pedido do interessado.

O ato de acender uma vela deve ser um ato de fé por qualquer pessoa que o faz com sentimentos e pensamentos voltados ao lado religioso.

Uma das perguntas mais frequentes que ouço é:

Qual a diferença das cores das velas?

As cores servem para auxiliar aquele que acende a vela a focar seus pensamentos ao Orixá ou ao Guia Espiritual a quem se está pedindo algo ou apenas louvando.

Então, posso acender uma vela branca para Exu?

Sim. São espíritos de luz, e o que é levado em consideração é o pensamento emanado durante aquele ritual.

Tem lugar específico para se acender vela?

Sim. Depende para quem vai se acender a vela e o que está se pedindo.

Por exemplo: Se vou acender uma vela para o povo cigano, terei mais força se acendê-la em uma campina, pois é seu campo de força. Se for acender para as almas, o melhor lugar é um cruzeiro no cemitério. Sugiro que quando for acender uma vela, a pedido de alguma entidade, pergunte aonde deve acender. Só não é aconselhável acender vela para Exu e Pombagira dentro de casa, pois é o povo da rua e seu campo de força é a rua ou, dependendo de sua atuação, o cemitério. Então, evita-se acender vela dentro de casa, pois como essas entidades trabalham com energias mais densas, evitamos que estas energias circulem dentro de casa.

Segue abaixo uma tabela com as cores das velas e seus respectivos Orixás e Guias Espirituais:

Caboclos	Verde
Exu	Preta e Vermelha, Preta ou Vermelha
Ciganos	Amarela
Iansã	Laranja
Ibeiji (Erê)	Azul e Rosa
Malandros	Vermelha e Branca
Nanã	Roxa
Obaluaê	Preta e Branca
Ogum	Vermelha
Oxalá	Branca
Oxóssi	Verde
Oxum	Vermelha
Pretos-Velhos	Preta e Branca
Xangô	Marrom
Anjo da Guarda	Branca
Baiano	Branca ou Amarela e Preta (Bicolor)
Boiadeiro	Amarela e Preta (Bicolor)
Marinheiro	Azul e Branca (Bicolor), Azul ou Branca

Recomendações materiais

Em caso de velas contidas em recipientes de vidro, muita atenção, pois o vidro não é resistente a temperaturas muito altas. Nunca toque o vidro quente, pois poderá romper-se e provocar acidentes.

112 | Umbanda, uma religião sem fronteiras

As velas que são colocadas dentro de lanternas ou luminárias devem estar a uma distância mínima entre 2,5 a 3 cm das paredes internas da peça para preservar sua forma, já que são de parafina e amolecem quando expostas ao calor da chama da vela. Igualmente, devem estar dentro de um suporte de vidro resistente para que a luminosidade possa ser observada em toda sua beleza. As velas mini, que são acondicionadas em taças de alumínio, permitem que as velas queimem lentamente, mas igualmente sempre use outro recipiente mais resistente, tipo cerâmica, vidro, latão, ferro, para servir de suporte. Nunca as mova enquanto estiverem acesas, pois os riscos de provocar acidentes e queimaduras são grandes, já que a parafina encontra-se "derretida" e a latinha estará muito quente.

Se você costuma comprar grandes quantidades de velas nunca as deixe expostas diretamente ao sol, podem aquecer-se e perder sua forma tanto quanto sua cor. A melhor forma de guardá-las, quando não se usam, é em um lugar escuro, seco e frio, envoltas em papel fino para se evitar o toque de umas com as outras. Se suas velas estão opacas, basta esfregá-las com uma meia-calça fina de nylon ou seda.

Coloque a vela acesa sobre uma superfície não inflamável, e nunca a deixe só, ardendo sem atenção, assim evitará acidentes.

1. Nunca acenda velas perto das janelas que contenham cortinas que podem voar com uma corrente de ar e provocar um incêndio.

2. Nunca tente apagar com água a vela que se incendiou, mas sim abafe para cortar o suprimento de oxigênio.

3. Se a vela estiver com chama muito pequena, retire um pouco de cera ao redor do pavio e torne a acendê-la.

Vibrações das Sete Linhas

Trabalhos de Meio, Obsessores e Desobsessões

CONSIDERANDO-SE A UMBANDA uma religião que trabalha bastante as energias vitais e do Cosmos, os passes ou vibrações das sete linhas, como é mais conhecido no meio umbandista, é um ritual indispensável em qualquer gira de Umbanda. Este ritual ocorre quando as pessoas da assistência são convidadas a adentrar a área restrita aos médiuns para que sejam ministrados passes energéticos que servirão para limpeza e reequilíbrio energético dos consulentes, com o intuito de reestruturar e purificar a aura dessas pessoas, para que possam ter forças e equilíbrio em sua caminhada. Podemos associar a recarga de bateria, ocasião em que os consulentes repõem as suas energias vitais para suportar com mais força os percalços do dia a dia.

Ao prestarmos mais atenção a esse ritual, reparamos que uma parte dos médiuns apresenta-se incorporada, realizando os passes por meio das mãos, elementos ou por meio da própria fumaça dos charutos e cigarros. A energia desses elementos, associada à energia do médium e à energia dos Guias Espirituais, auxilia aqueles consulentes. Igualmente, observamos que alguns médiuns incorporados, que circulam entre os consulentes ou em volta desse grupo, ainda que não estejam ministrando diretamente os passes, estão trabalhando a energia do local, dissipando energias densas e emanando energias salutares. Outra parte dos médiuns, que se encontra em posição na corrente e não incorporada, está de mão espalmada em direção aos consulentes, transmitindo energias benfazejas para auxiliar nos trabalhos de reequilíbrio energético e limpeza áurica, realizado pelas entidades incorporadas em seus médiuns. Como já foi dito, os médiuns formam uma corrente do bem e cada um é um elo dessa corrente, com papel importante nesse ritual, assim também em todos os outros realizados em uma gira.

O fato de os consulentes receberem os passes individualizados não significa que estejam mais prejudicados que os demais, mas apenas precisam de um cuidado específico para reparação energética. Por que algumas pessoas da assistência se contorcem ou incorporam durante o ritual, mesmo não pertencendo àquele terreiro? Como já conhecido por muitos, somos todos médiuns, alguns com mediunidade mais aflorada e outros menos. E essas pessoas com a mediunidade mais aflorada acabam sentindo com mais intensidade as energias que estão sendo trabalhadas nesse ritual. As pessoas que incorporam, são aquelas que já possuem seu canal mediúnico aberto e estão por algum motivo afastadas de trabalhos mediúnicos, e por necessitarem de um reequilíbrio energético seus Guias Espirituais aproveitam o local propício para incorporarem em seus médiuns e auxiliar seus tutelados. Essa incorporação também pode ser considerada um aviso que a entidade está transmitindo ao médium, que este precisa retornar ao seu desenvolvimento espiritual. Os passes ou vibrações das sete linhas não são obrigatórios, do mesmo modo que nada é obrigatório na religião, uma vez que todos temos o nosso livre-arbítrio, porém tanto passe quanto vibrações ajudam-nos a suportar com mais leveza a nossa carga diária.

Após a sessão de passes energéticos, alguns consulentes são convidados a permanecer naquele espaço. Esses consulentes necessitam de um tratamento especial.

Então, esses estão com obsessores?

Antes de responder a esta pergunta, preciso esclarecer uma coisa. A Umbanda é considerada por alguns estudiosos tal qual o pronto-socorro do Astral, que encaminha aqueles espíritos sofredores para locais onde serão tratados, e após este período de tratamento continuam seu processo evolutivo. Os espíritos que são encaminhados na Umbanda, em sua maioria, estão lá, pois já pediram ajuda aos espíritos samaritanos, e são levados muitas vezes a um terreiro por médiuns e até por consulentes, mesmo que esses não tenham consciência desse fato.

Em resposta à pergunta acima, algumas dessas pessoas que são convidadas a permanecer no salão após a vibração nem sempre possuem algum obsessor ou espírito que se utilizou dela para ir ao terreiro. Às vezes, a pessoa está ali porque precisa de reequilíbrio ou de uma palavra de conforto da entidade que está realizando aquele trabalho. Claro que algumas vezes a pessoa que está sentada ali no meio atraiu para si uma energia mais densa, e por deixar baixar sua vibração acaba atraindo espíritos mal-intencionados ou até mesmo espíritos que se afinam com aquela energia, mas não foram enviados por ninguém para prejudicar, estão ali só para se utilizar daquela energia que está sendo emanada, e com isso acabam desequilibrando energeticamente aquela pessoa, prejudicando-a, mesmo que não seja esse o seu objetivo. Imaginem uma pessoa na chuva com seu guarda-chuva, se ela estiver sozinha ela consegue se proteger da chuva, mas se ela dividir este mesmo guarda-chuva com mais alguém, estas duas pessoas vão acabar se molhando um pouco, contudo não consideram que

116 | Umbanda, uma religião sem fronteiras

uma está prejudicando a outra. É isso que ocorre quando somos obsidiados sem a intenção de prejudicar.

E esse ritual que chamamos de *trabalho de meio*, tem como objetivo retirar de tal pessoa esse espírito ou energia que mesmo sem intenção está lhe prejudicando. Dependendo do grau da obsessão, a entidade que está dirigindo os trabalhos utiliza-se de médiuns que chamamos de "médium de transporte", que são aqueles médiuns que emprestam seus corpos para que esse espírito ou energia incorpore e possa ser encaminhado ou possa dizer o motivo de estar ali.

Dependendo da energia desse espírito, o médium de transporte sente tudo o que o espírito sente e por isso alguns vão ao chão e ficam a se retorcer. Devo fazer duas observações antes de continuar. A primeira é que não são todos os médiuns que estão preparados para este tipo de trabalho mediúnico, e, quando são colocados para auxiliar nesses trabalhos acabam incorporando suas entidades, pois estas tomam a frente para que seu tutelado não sofra. Isso também não quer dizer que os médiuns que estejam preparados para este trabalho sejam mais fortes que aqueles que não estão, às vezes, não é o caso de preparo, mas a energia não se afina a esse trabalho. A segunda observação é que este trabalho não faz mal ao médium e nem prende este espírito ao médium, pois além da tutela do Guia-Chefe da casa que está dirigindo aquele trabalho, os Guias Espirituais desse médium realizam sua limpeza e o reequilíbrio energético. Então, médiuns de transporte não precisam ter medo se estiverem realizando este tipo de trabalho em local próprio, com as devidas firmezas e dirigido por uma entidade séria e que trabalha na linha de Umbanda.

Continuando o assunto. Em alguns casos de trabalhos de desobsessão, é retirado da pessoa que está ali no meio seu obsessor ou aquela energia que está lhe prejudicando, porém se esta não mantiver sua vibração alta e seus pensamentos e atitudes retas, este obsessor ou energia pode voltar a prejudicá-lo. Isso me remete a uma frase que explica bem isso. "Só podemos ajudar àqueles que querem ajuda", não podemos impor ajuda àqueles que não querem aceitar o tratamento para sua cura completa.

Aí você pode estar se perguntando:

E como faremos para ajudar essas pessoas? Será que irão sofrer pelo resto da vida por pura ignorância?

Podemos sim ajudar, orando para o anjo da guarda da pessoa para que a ilumine e a desperte para seu problema, e que se não mudar seus pensamentos e atitudes nada poderá ser feito.

Em outros casos, o obsessor já faz parte da vida da pessoa, por estar ali há tanto tempo, que não se pode retirá-lo de uma vez, pois essa pode acabar sofrendo com a simbiose que já se produziu entre os dois. Nesse caso, o tratamento vai necessitar de mais tempo e precisará de várias sessões até que o desligamento ocorra sem prejudicar nenhuma das partes. Não podemos nos esquecer de que o obsessor também é filho de Deus, e muitas vezes não se dá conta de quanto prejudicial está sendo para ele e para a pessoa em questão.

Já ouvi também perguntas do tipo: Se em uma desobsessão, o espírito não quiser ser encaminhado para um local onde possa ser tratado, o que acontece?

Bem, se o caso for igual ao citado anteriormente, as sessões que se seguirão, aos poucos, irão enfraquecer esse espírito até que ele não resista mais e seja encaminhado. No caso dele se negar a ser encaminhado para um posto de tratamento, fazendo uma analogia, ele é levado a outras paragens e aprisionado até que esteja pronto para seguir no caminho da luz e da evolução.

Queria deixar claro uma coisa: todos os espíritos de baixa energia, zombeteiros ou até mesmo trevosos, que adentram a um terreiro sério e firme, já vêm escoltados pelos Guardiões e Espíritos de Luz, e devidamente imobilizados, por mais que isso não se mostre aos nossos olhos, e terão o direito de escolha, de permitir que sejam levados pelos nossos bons samaritanos que os encaminharão para um posto de tratamento, ou levados para lugares que podem ser chamados de prisões astrais, pelos nossos Guardiões, até que despertem de seus comas mentais. Os espíritos zombeteiros, trevosos ou como queiram chamar não possuem acesso a um terreiro sério, pois esse possui sua proteção. Estes espíritos só conseguem invadir essas casas caso não seja um local devidamente preparado ou já esteja contaminado pelo ego, inveja e imprudência de seus dirigentes.

A Quimbanda e a Kiumbanda

Este é um assunto que traz muitas polêmicas e dúvidas a alguns médiuns e principalmente a simpatizantes e leigos da religião. O tema traz muitas controvérsias principalmente pela escrita das palavras. A palavra apresenta duas formas distintas de escrita, porém com o passar do tempo e a desatenção de muitos, os dois vocábulos acabaram fundindo-se em um só, apesar de serem completamente diferentes. Um escreve-se com a letra "Q" de Quimbanda e outro com a letra "K" de Kiumbanda. Apesar de serem palavras muito parecidas possuem fundamentos muito diferentes. A **Kiumbanda** está associada a um rito ligado a Kiumbas, ou mais explicitamente, a espíritos de baixa vibração que ainda possuem arraigados os seus sentimentos mundanos e de vingança, espíritos que ainda não encontraram seu equilíbrio e estacionaram em seu processo evolutivo; alguns acabam até escravizados por espíritos trevosos que se escondem nas sombras e combatem a evolução e o progresso da humanidade.

Já a **Quimbanda** é o lado negativo da Umbanda, e quando falamos negativo não nos referimos ao lado das sombras, do mal, mas sim ao polo negativo. Como sabemos, para haver um equilíbrio energético precisamos de um polo positivo e um polo negativo. Tal qual a Umbanda, a Quimbanda possui suas sete linhas, mas não vamos explorar este assunto por ser muito complexo para o

120 | Umbanda, uma religião sem fronteiras

momento. Um exemplo que ouvi muito em minhas entrevistas é o da lâmpada que para se acender necessita dos polos negativo e positivo. É esta linha, que trabalha em conjunto com a Umbanda, que comporta nossos queridos Guardiões, mais conhecidos como Exus e Pombagiras, muito confundidos ainda com o Orixá Exu, que é o Orixá do início de tudo e tão cultuado pelo Candomblé e também associado aos demônios cristãos.

Essas falanges de espíritos de luz e que estão prontos a combater o mal de frente são irradiados por Ogum e Obaluaê.

Um questionamento que fiz muito em minhas entrevistas a dirigentes de terreiros de Umbanda era a respeito de um ponto cantado na linha de Baianos, que diz o seguinte:

> *... Eu quero ver os Baianos de Aruanda trabalhando na Umbanda pra Quimbanda não vencer...*

Após algumas pesquisas descobri que a Quimbanda em questão significava Demanda e não essa linha em que se encontram os Exus e Pombagiras. A Umbanda não veio para combater a Quimbanda nem tão pouco a Quimbanda veio para combater a Umbanda – as duas vieram para conjuntamente trabalhar e criar equilíbrio, para que esse equilíbrio seja mantido em nossas vidas.

Quando falamos em Quimbanda, vemos pessoas fora da religião "torcendo o nariz" e afirmando que se trata de um ritual macabro, cujo objetivo é causar o mal ao próximo. Seus principais trabalhos – o de amarração amorosa, sucesso financeiro, doa a quem doer, e realização de vinganças pessoais e sentimentais. Uma busca pela felicidade irreal, sem muito esforço e de maneira rápida. Isso tudo é um grande erro que muitos cometem pela confusão da grafia das duas palavras, falta de conhecimento, aliadas a falsos profetas que utilizam essas práticas para obter dinheiro fácil à custa da dor alheia, e acabam utilizando o nome Umbanda, evitando assim a discriminação e atraindo inocentes.

Como podemos acreditar que entidades de luz que, por escolha própria, decidiram trabalhar em regiões mais densas do Astral, para manter a ordem e o equilíbrio, possam realizar tais trabalhos que fogem totalmente às leis divinas? As entidades que trabalham na Umbanda são entidades de luz e seguem a lei divina universal e jamais se prestariam a tão baixo serviço que atravanca a evolução do ser humano. Existe um termo que ouvi muito em minhas pesquisas que diz que Exu é como uma arma que na mão da polícia faz o bem e na mão de bandidos faz o mal. Só para evitar comentários, essa polícia de que falo é uma polícia honesta, séria e envolvida em proteger a população. Porém, não concordo muito com essa afirmação, acredito que se for um Guardião das leis divinas fará apenas o bem ou o justo, pois se fizer o mal não é Guardião das leis divinas. E quando falamos de mal, é o mal contra o ser humano, contra o próximo, prejudicando aquele que não plantou o mal, mas que pode ser atacado por este, por pura inveja, ciúmes, ganância. Pois, muitas vezes, o que chamamos de mal nada mais é do que a colheita de um plantio errado.

Talvez tudo isso aconteça por se tratar de uma linha de trabalho tão misteriosa e controversa. Em uma gira de esquerda, a primeira coisa que fazemos é pedir licença à Umbanda para virarmos para Quimbanda. Fazemos isso, pois nossa religião é Umbanda e como vamos mudar o polo energético que estávamos trabalhando, pedimos licença, como uma forma de pedir permissão para esta mudança. Logo em seguida, saudamos os dois Orixás que controlam este polo energético, Obaluaê e Nanã. Algumas pessoas podem estar se perguntando:

E Ogum não é saudado?

Neste caso não, pois ele só comanda esses espíritos, porém com a supervisão de Obaluaê e Nanã, por serem estes os Orixás responsáveis pela passagem do mundo físico para o Mundo

Astral, os Orixás responsáveis em esgotar o espírito após a sua desencarnação. Obaluaê é o senhor das calungas (cemitérios) e Nanã a senhora do portal entre os dois mundos.

Após a mudança de vibração energética, e a saudação aos Orixás responsáveis por essa linha vibratória, são cantados os pontos para chamada dos trabalhadores desta linha, Exu e Pombagira. Os Guias vão incorporando em seus médiuns, firmam seus pontos e se preparam para as consultas. Podemos notar que algumas entidades não sentam, não firmam ponto e não dão consultas. São entidades que estão trabalhando a energia utilizada pelos Guias que estão dando consultas e trabalhando em seus consulentes. Em outros casos, entidades que estão se preparando e preparando seus médiuns para o próximo passo que é dar consulta.

Este é um assunto que tem muito a ser discutido, porém paramos por aqui, pois a ideia deste livro é apenas passar algumas informações básicas. Devemos dar um passo de cada vez.

Conclusão

A Umbanda é a religião que surgiu para integrar os seres encarnados ao Criador, independente de raça, credo ou posição social. A Umbanda não tem fiéis, como nas outras religiões, pois atende a todos sem discriminação. Como foi dito no início desta obra, religião é unir e não discriminar. Afinal, somos todos iguais perante Deus.

Religião naturalista não busca a degradação da natureza e nem seus campos de forças. Busca a integração do homem com a mãe Terra, a geradora de nossas vidas com suas imensas riquezas.

Religião cristã, em que seus trabalhadores espirituais são seres de luz, e que, em sua maioria, passaram por estas terras e fizeram parte de sua construção, onde nossos guardiões não são os diabos tão combatidos pela igreja católica e neopentecostal. Espíritos que escolheram este trabalho para buscar sua evolução espiritual e pagar por seus erros do passado. Jamais aceitam trabalhos com objetivos torpes, como amarrações e trabalho visando prejudicar o próximo, pois buscam em suas missões a elevação espiritual seguindo as leis divinas.

Buscar a Umbanda para alcançar sucesso material, sem se preocupar com o próximo, com a caridade e deixando de lado a humildade, é uma busca equivocada, pois esta religião não irá satisfazer seus anseios. Umbanda busca o equilíbrio do ser encarnado e sua aproximação com o Pai.

Umbanda é uma religião nova que tem evoluído e buscado sua identidade própria.

Mas de nada isso tudo servirá, se não fizermos o uso da prática de seu conhecimento, o bom-senso, uma "pitadinha" mínima que seja de esperança associada à coragem, à fé, ao desejo de realizar o bem a si próprio, ao próximo, à comunidade. Coragem de superar desafios, de expulsar a preguiça, o desânimo, as fraquezas que acompanham as obsessões espirituais. Coragem de revermos nossas atitudes, nossos pensamentos, nossa forma de viver e realizarmos uma reforma íntima para que sempre continuemos com nossa evolução.

Nós, seres humanos, sempre buscamos, do lado de fora, desculpas, motivos e inimigos para as nossas frustrações, insucessos e quedas, quando o nosso grande obsessor somos nós mesmos. Sei também que a teoria é muito bonita e todos nós temos as receitas para uma vida equilibrada e feliz, mas colocar tudo isso em prática requer força de vontade, persistência e determinação e que isso é difícil. Mas, quem disse que seria fácil? Quem disse que viríamos para cá a passeio? É sabido por todos nós que conhecemos um pouco a espiritualidade, que encarnamos para aprender com nossos erros e acertos, para reparar erros de vidas passadas, para evoluir, e nunca foi dito que seria uma missão simples. Contudo, não podemos desistir; já que aceitamos esta missão, vamos cumpri-la da melhor maneira possível.

Li uma frase que achei muito interessante e que tem a ver com o que estamos conversando aqui. *Possuímos dois lobos dentro de nós. O Lobo Mal, que é a inveja, o ódio, o despeito, a falta de respeito, o ego... E o Lobo Bom, a felicidade, a humildade, a caridade, a força de vontade, o amor a si e ao próximo... Que estão em uma luta constante. E você pergunta: Qual dos dois vencerá essa luta? Aquele que você melhor alimentar.*

Mostrar a todos que esta religião maravilhosa – a Umbanda – tenta humildemente mudar a visão que muitos fazem a seu respeito é o objetivo principal deste livro. Não tenho o intuito de angariar novos adeptos ou simpatizantes, apenas busco o respeito e a aceitação, porque esta, como todas as outras religiões existentes, é séria, tem Jesus Cristo como seu Mentor Principal e Deus como seu Ser Supremo.

Espero ter colaborado com a desmistificação da Umbanda e mostrar que umbandista de verdade busca o equilíbrio espiritual e o auxílio ao próximo, fazendo o bem sem olhar a quem.

Salve a Umbanda!!!!!

Dicas de leitura

A BATALHA DOS PORTAIS
Flávio Penteado

O mundo físico estava sob ameaça. Os Cavaleiros Negros mais uma vez tentavam destruir a imagem de Deus junto aos seres encarnados. Um grupo que surgiu na época das cruzadas, agora estava de volta buscando cumprir seu objetivo a qualquer custo.

A comunhão entre esse grupo e as trevas auxiliou a abertura de portais, que emanariam energia suficiente para abertura de um portal ainda maior e mais poderoso, por onde seres trevosos invadiriam o mundo físico para tomar de Deus sua mais bela criação: o ser humano.

A vida no planeta Terra estava ameaçada e o tempo era curto, não havia margem para erros. Uma nova batalha entre o bem e o mal estava prestes a se formar e, se os portais não fossem fechados, um grande desastre ceifaria vidas inocentes.

Preparem-se, pois a Batalha dos Portais vai começar.

Dicas de leitura

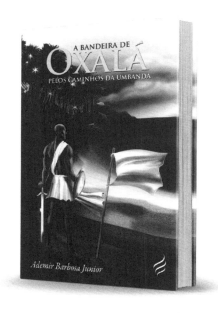

A BANDEIRA DE OXALÁ
Ademir Barbosa Junior

Com linguagem simples e envolvente, o livro relata diversos contos acerca do cotidiano da religião, dando aos leitores a possibilidade de aprendizagem por meio de uma prazerosa leitura.

A moça que vai ao terreiro em busca de "amarração" e descobre a beleza e a responsabilidade da mediunidade; a médium de personalidade difícil que humilha os irmãos; a mãe pequena que vê na criança não apenas o futuro, mas o presente (em todos os sentidos) da religião; a beleza e o amor maternal de Oxum; a verdadeira e digna malandragem de Zé Pelintra; o retrato desmistificado dos trabalhadores Exus, são alguns dos temas abordados.

Dicas de leitura

OS MENSAGEIROS DA ESPERANÇA
Sérgio Vencio

A Colônia Esperança é um local onde crianças e adolescentes são abrigados e preparados para a reencarnação, é o Lar da Criança Menino Jesus.

Liderados pelo mentor Marcos, um experiente grupo de médiuns, trabalhadores de um Hospital Espírita, são convidados a auxiliar no tratamento dessas crianças no plano astral.

Animados pela nova perspectiva, entregam-se de corpo e alma nessa aventura que irá levá-los a conhecer locais inusitados como o Templo de Cristal, o Jardim Terapêutico e o próprio Lar da Criança.

Mas acima de tudo, a melhor parte é perceberem que através desse trabalho podem se tornar verdadeiros *Mensageiros da Esperança*.